都付哲談中

中 談 哲 付 都

當代世界的十個大哉問

王偉雄、劉創馥 合著

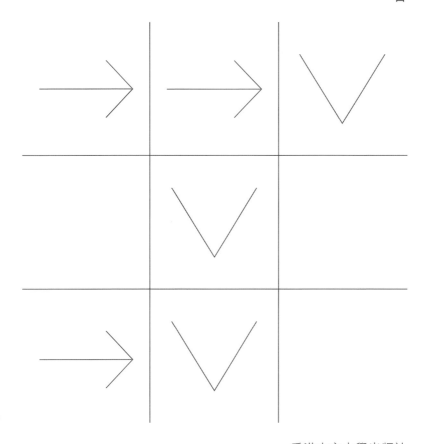

香港中文大學出版社

《**都付哲談中：當代世界的十個大哉問**》

　　王偉雄、劉創馥　合著

© 香港中文大學 2022

本書版權為香港中文大學所有。除獲香港中文大學
書面允許外，不得在任何地區，以任何方式，任何
文字翻印、仿製或轉載本書文字或圖表。

國際統一書號 (ISBN)：978-988-237-272-6

2022年第一版
2022年第二次印刷

出版：香港中文大學出版社
　　　香港 新界 沙田・香港中文大學
　　　傳真：+852 2603 7355
　　　電郵：cup@cuhk.edu.hk
　　　網址：cup.cuhk.edu.hk

Philosophical Exchanges on Ten Big Questions (in Chinese)
　　By Wong Wai-hung and Lau Chong-fuk

© The Chinese University of Hong Kong 2022
All Rights Reserved.

ISBN: 978-988-237-272-6

First edition　　　2022
Second printing　　2022

Published by The Chinese University of Hong Kong Press
　　　　　The Chinese University of Hong Kong
　　　　　Sha Tin, N.T., Hong Kong
　　　　　Fax: +852 2603 7355
　　　　　Email: cup@cuhk.edu.hk
　　　　　Website: cup.cuhk.edu.hk

Printed in Hong Kong

目　錄

自 序

王偉雄

　　這是我與創馥合著的第二本書，同樣是對話錄，但跟五年多前的《宗哲對話錄》有一個顯著的不同，就是我們這次沒有扮演角色，而是直接表達自己的思想。這本對話錄是我們十次筆談的真實記錄，每次都是硬橋硬馬的「交手」，雖然沒有絲毫較量或爭勝的意味，但肯定各自全力以赴，見招拆招，有攻有守，以澄清和論證自己的見解。

　　是我提議寫這本書的，創馥聽後欣然接受。有這個提議，不但因為第一次合作愉快，寫成了一本我們都滿意的書，並建立了深厚的友誼，還因為我希望更深入地思考幾個大問題，或至少能好好整理自己的理解和看法，而最有效的途徑莫過於跟一位思考能力高、知識豐富、立場可能和自己不同的朋友討論。創馥自然是最佳人選。

　　說到立場可能不同，其實，基於對創馥的認識，我早已估計他至少在幾個大問題上跟我有大相逕庭的看法；結果證明我的估計是正確的，我們不同意之處甚多，有些可以說是世界觀和人生態度的根本差異。這可好了，假如他和我「同聲同氣」，也許到頭來只是互相強化已有的相同見解，因而難以反省到可能犯的錯誤。每當創馥反對我的看法時，我都被迫深入思考自己是否真的有理；每當他從我沒有

想過的角度看某一問題時，我都有「怎麼我以前想不到？」的開眼界之感。

　　每個人都有心理、經歷、學養、環境和視角等各方面的限制，無論多聰敏，學問多博大精深，總有盲點、一葉蔽目和兼顧不到之處，需要不斷自省，也需要別人的提醒，才可以衝破限制，更上層樓。這十次筆談，對我來說就是十次自省，十次提醒，十次虛心的學習。

　　書裏討論的十個問題都是創馥和我認為十分重要的，而相信愛思考的人至少對其中一些問題感興趣。這是十個很複雜的問題，有多個層次和面向。稱我們的筆談為「哲談」，不是因為這十個問題都毫無爭議是哲學問題，而是因為我們在討論時運用了哲學的知識以及哲學的論證和思辨技巧；無論如何，即使問題本身看來不那麼哲學（例如「人工智能值得擔憂嗎？」），但在討論過程中往往顯示了問題的一些哲學面向（例如人類的自主性）。另一方面，雖然我們寫這本書的主要目的不是推廣哲學，但希望我們的討論能有少許示範作用，讓讀者認識到一些哲學論辯的特色。

　　書名「都付哲談中」顯然脫胎自楊慎名作《臨江仙》中的那句「都付笑談中」，但不純粹是文字遊戲。我很喜歡這首詞，百讀而不覺陳腐；每讀到「青山依舊在，幾度夕陽紅」，都感到一種變與不變的平衡之美，而美中卻有擺不脫的幾分悲涼。這感受，是入世與超越的交疊，也是我思考哲學時經常有的感受。

　　本書由開始寫作的 2019 年中到完成的 2021 年底，歷時兩年多。在這段時間，創馥所處的香港詭譎動盪，而我所處的美國也風起雲湧；不得不提的，當然還有席捲全球的新冠肺炎（COVID-19）疫情，持續超過兩年，在我執筆此刻仍在肆虐，不知還會糾纏多久。所謂多事之秋，莫此為甚。當外在的世界令人焦慮失落，哲學思考也許是

一種逃避；但不能抹煞的是，鑽進大問題裏而有撥開雲霧之感，那種知性滿足是巨大而深刻的。

自 序

劉創馥

　　《都付哲談中》可算是《宗哲對話錄》的後續。在《宗哲對話錄》中，偉雄兄和我輪流扮演「宗信」和「哲懷」兩個分別是支持和反對宗教的角色，但其實在宗教哲學的問題上，我們兩人的真正立場十分接近，心底裏大致上都是「哲懷」。在這本新作中，我們討論的問題廣得多，而且我們不再扮演任何構想出來的角色，只簡單地做回自己，論述自己的立場。有趣的是，我們對一系列問題的分歧事實上頗大，希望也因為這樣，這本書會更值得一讀。

　　《宗哲對話錄》出版至今短短數年，世界已經變得很不一樣。開始撰寫《都付哲談中》時，剛巧是2019年6月，這兩年多身邊發生的事情經常令人難以專心工作。偉雄兄是典型的學者，喜愛閱讀和寫作；我卻剛好相反，從來看書不多，小時候只會在考試前才讀書，寫作於我來說更是件苦差，而我竟然走上了學術的道路，其實完全是意料之外。這兩年本來是要寫一本有關康德哲學的著作，但結果幾乎沒有下過筆。有幸在這段期間能與偉雄兄合著這本《都付哲談中》，反而成為了我的精神寄託，甚至可謂是我的「救贖」。

　　我雖然不喜歡寫作，但寫這種對話錄，每一段都十分簡短，不用事先費煞思量構思一個完整大綱；每次只寫一兩個論點，回答一兩個問題，就好像在臉書跟人家討論一樣。這種寫法讓我覺得輕而易舉，在時局荒亂的時候也有心力下筆，甚至有時讓我能在心煩氣躁的時候靜下來，抽身而出作點「離地」思考。尤其當我覺得自己在虛耗光陰、對現世沒有任何貢獻時，寫《都付哲談中》就成為了我的安慰，讓我感到自己不是完全在浪費生命。

　　我在《宗哲對話錄》也有提及自己在思想上的轉變，這種轉變不單是由保守的基督徒到徹底的無神論者，也牽涉與之相連的世界觀、人生觀、價值觀；包括對婚姻、愛情、生死等眾多問題，我的想法都經歷過翻天覆地的變化。《都付哲談中》對我而言是非常個人的，我當然希望它對讀者能有些啟發，但對此我沒有很高的期望，尤其是近年香港越來越多普及哲學的文章和媒體，它們很可能比這本書寫得更深入淺出、更踏實、更多日常生活的例子、更容易令讀者產生共鳴。《都付哲談中》主要是我寫給自己的，不外是嘗試整理個人的思想，總結自己多年反省和掙扎的結果。若這本書對其他人有益，都是額外的收穫。

　　《都付哲談中》本身就是我人生的一個額外收穫。幾年前偉雄兄邀請我合著《宗哲對話錄》，那本來就是意想不到的事情；我們不單出版了一本書，還建立了一份友誼，對我而言可謂是真正的「雙贏」。我經常覺得自己十分幸運，少勞多得，寫一小半就有一本書，再多寫一小半，就有第二本書，這是真正的事半功倍。「事半功倍」是非常適切的形容，我不是完全沒有付出或沒有能力，但付出遠比我多、能力遠比我高的人多不勝數，他們的收穫卻可能沒有我的那麼豐富。我樂於享受這種事半功倍的幸運，但也明白人生和社會很多真正重要

的事情，即使堅持付出，有時不僅是事倍功半，甚至似乎是徒勞無功。然而，幸運不是我們能控制的，堅持卻是我們能嘗試的，最終結果也只能聽天由命。

前　言

　　本書是真實的筆談記錄，每個筆談開始前，兩位作者只是商量討論的大致範圍，沒有預設的結論，也不知道對方將會提出的論點或論證。當然，筆談記錄的初稿在文字上難免有砂石，必得剔除，例如冗贅的表達方式和不夠通順的句子，但這些修改和潤飾並不涉及討論的實質內容 —— 十次筆談記錄的定稿仍然全是「原汁原味」的。

　　兩位作者對很多論題的立場都不同，而最後亦往往沒有達至共識；然而，這不表示討論是白費了，因為討論的過程能加深對論題的理解，而即使沒有改變基本的立場，也會有些修正，或想到全新的論據與論點以支持原有的立場，那已是一種進步。讀者不妨想像自己參與討論，慢慢地讀，在不同意之處多加思考，也許讀完後會修正自己的看法。

　　各章的內容獨立，儘管較後的篇章偶爾提到較前篇章的論點，但讀者不必順次序閱讀。此外，各章的深淺程度沒有太大的分別，有些段落較為抽象，但也不至於很難懂，對讀者的要求不過是認真思考和多一點耐性而已。

　　感謝香港中文大學出版社接納本書出版，並感謝負責的各編輯同事對書稿提出的修訂建議。李玉琼女士與編輯余敏聰先生分別細心審校全書，令本書避免了不少文字上的錯漏，我們深表感激。多謝孟繁麟教授對第四章及第五章提出的寶貴意見。陳祖為教授、關子尹教授和邵頌雄教授慷慨撥冗為本書寫推薦語，我們衷心感謝。最後，要特別向設計師顏倫意先生說聲謝謝，因為他再一次義務為我們設計封面，可說是錦上添花之美事。

世界在變好還是變壞？

對不少人來說，「世界變得越來越好」是不爭的事實，尤其是當我們比較的不是一個短時期而是人類的長遠發展，尤其是當我們著眼於近幾百年的知識膨脹與科技猛進。然而，問題並不是那麼簡單，應該從三個不同的層面去看：首先是個人生活的層面，第二個層面是人類的集體世界，而第三個層面是世界整體，即地球及其上的一切。無論從哪一個層面看，「世界變得越來越好」都不是顯而易見的，其中涉及各種因素，不是全都指向同一結論；這些因素孰輕孰重，都值得深入思考，而不同的人可以有不同的判斷，而且都有理據。

王　我們相識而成為好朋友，已經好幾年了，雖然合著過一本書，討
論過有關的哲學問題，但其實有很多其他哲學問題我是渴望和你
一起探討的。根據過往的經驗，我覺得我們兩人討論哲學時，都
很能敞開心懷、暢所欲言地交流切磋，那是十分難得的；而我從
中獲益良多，那經驗因而更堪回味。找到像你那麼投契的哲友，
是我的幸運。最近我想，要好好珍惜跟你討論哲學的機會，打算
提出一些我很有興趣、而相信你也同樣有興趣的問題，深入地
討論。如果我們對這些問題的立場不同，那就更有意思了！你看
怎樣？

劉　當然是求之不得啊！你說的那種投契的感覺，我同樣有，也同樣珍
惜跟你討論哲學的機會。我們這就開始吧，你打算討論甚麼問題？

王　第一個討論的題目，以前跟你略為談過，所以我知道我們的看法
可能分別頗大。我記得你認為世界是變得越來越好，不如你先講
一下你的看法好嗎？

知識增長和科技進步

劉　對，是可以這樣說的。不過，這幾年世界各地發生很多事情，有
不少恐怖的天災人禍，某些地區的政治和社會狀況都在倒退中。
我並非要否認這些事實，但若我們觀察歷史發展的大趨勢，我認
為在很多方面，世界都是變得越來越好，都在不斷進步。有些方
面應該沒有甚麼爭議，例如各種知識的增長和科技的進步都是難
以否認的。我認為知識的增長和科技的進步本身就是好事，因此
可以說世界在這兩方面不斷變好。

　　　　我們通常較重視知識所帶來的好處，強調知識的工具價值（instrumental value），但即使沒有任何用處，認識世界和獲取知識本身已有自足價值（intrinsic value）。試想像兩個基本上一樣的世界，但其中一個世界在抽象而完全沒有用處的數學研究上（假設這些研究最終真的沒有任何應用）進步得多，我還是會認為這個世界價值更高，是一個較好的世界。

　　　　科技的進步本身也是一種知識的增長，因為每項科技的進步都等於我們明白多了世界是如何運作的，甚至能由此作出相應的預測和操作。所以，科技的進步也有自足價值，只不過科技的工具價值一般而言是重要得多。倘若其他條件相同（other things being equal），知識和科技較進步的世界是較好和較理想的世界。

王　我當然不會否認人類知識的增長和科技的進步，但我認為世界未必是變得越來越好。即使世界在某些方面有進步，甚至是不斷進步，那也不表示世界整體而言在變好；正如我做健身，肌肉練得越來越紮實，那是身體某一方面的進步，但我的身體整體來說不一定是更好，因為我可以同時有隱疾。

　　　　我同意不少知識和科技有工具價值，尤其是科技，因為科技大多是為了解決實際問題而發明的。可是，我不認為所有知識與科技都有自足價值。你說知識本身已有自足價值，並舉了「完全沒有用處的數學研究」做例子；也許這種無用的知識真的有自足價值，也許我們只是直覺上感到它有自足價值，但無論如何，我可以舉其他例子，而這些例子給我們的印象很可能是「那是完全沒有價值的知識」。我就舉兩個例子吧。例子一：知道我家前院的草地今天早上有114,262根草；例子二：知道現任美國總統三

分鐘前在白宮的洗手間廁格內放了個臭屁。你認為這兩個例子裏的知識有自足價值嗎？

知識的價值

劉　我的確認為，即使是最微不足道的知識也有自足價值；我本來以為你不會質疑這一點，誰知是個誤會！

　　我不否認知識的價值有高低之別，例如知道哥德巴赫猜想（Goldbach's conjecture）之真假，[1] 當然比知道美國總統有否放屁價值高得多，但能找出真相、判別真假總是有價值的。即使是美國總統放屁的例子，若從另一個角度看，可能也有些重要性，因為知道美國總統三分鐘前在白宮的洗手間內放了個臭屁，可能就等於知道那個奇臭無比的屁，原來不是來自正在白宮訪問的俄羅斯總統，大家之前還誤會了他好一會兒；而知道你家前院的草地今天早上有 114,262 根草，就等於知道那裏不是多一根或少一根草。114,262 根草還可能反映了大自然某些奧秘，例如我們知道某些花的花瓣數目和好些自然現象是符合費波那契數列（Fibonacci numbers）的，[2] 或許你家前院草地上的草數目也暗藏某些重要的數學或自然規律呢！

1　哥德巴赫猜想是「任何大於 2 的偶數都等於兩個質數之和」，這是其中一個最著名的數學猜想；稱為「猜想」是因為並未能被證明為真，但也未能被證明為假。

2　費波那契數列是一種遞歸數列（recursive sequence），每個費波那契數都是由前兩個費波那契數相加而成。首 12 個費波那契數是 0, 1, 1, 2, 3, 5, 8, 13, 21, 34, 55, 89。

　　　知識是互有關連的，知道 A 就可能讓我們更容易發現 B；任何表面看來微不足道的事情都可能內有乾坤，可能是揭示某些重要自然規律的一道狹縫。除非我們完全了解世界，否則不可能確定哪些知識真的毫無重要性；而我的立場是，即使最終確定你家前院草地上的草數目背後沒有任何重要的數學或自然規律，知道那個數字本身就已經有價值。

王　我同意知識的價值有高低之別，雖然我不肯定應該用甚麼標準來判別高低。可是，你說「能找出真相、判別真假總是有價值的」，我則看不到有甚麼理由接受那個「總是」。你對我舉的那兩個例子的反駁，其實是訴諸工具價值，更準確地說，是訴諸潛在的工具價值，因為你堅持的是：看似沒有任何價值的知識也可能引致重要的發現；這個「可能引致」的關係，不過是工具與目的之關係，而且只是「可能」，因此其工具價值只是潛在的，而非實在的。

　　　正如你說，我們不可能確定哪些知識真的毫無重要性；既然是這樣，你又怎能肯定所有知識都有潛在的工具價值或所有知識都有自足價值？

劉　其實我的回應不完全是訴諸工具價值，而是部份地透過不同的表達方式，來試圖顯示某些表面上看似沒有價值的知識，在另一角度下可能有些重要性。

王　我還是不明白你如何能以「可能有些重要性」為根據，而得出「事實上有自足價值」的結論。不如我們轉一個方向討論吧，你是不是認為有價值的知識——無論是自足價值還是工具價值——越多越好？

劉　我認為價值是可以累積的，若其他條件相同，有價值的知識是越多越好。然而，我們也要考慮獲取知識的成本和後果。一、雖然我認為找出你家前院的草量是有價值的，但其價值看來很低，卻需要大量時間和功夫；因此，同樣的努力花在其他知識或事務上會更為划算。二、知識的自足價值似乎可以簡單地累積，但知識的工具價值之間或與其他價值卻可以有所衝突。工具價值的存在視乎目的，例如製造核子武器的知識有很高的工具價值，但這些知識的存在可能成為摧毀其他知識和價值、甚至摧毀整個人類文明的工具。因此，這些知識的工具價值大是大了，但其他價值可能因此減少，最終有可能得不償失。

王　雖然我不認為所有知識都有價值，但我同意人類擁有的知識中，很多都有價值，至少是有明顯的工具價值，而科技的工具價值就更明顯了——我們每天都藉著科技而達到很多不同的目的。然而，擁有有價值的東西，以及擁有越來越多有價值的東西，對擁有者都不一定是好事。

　　我們須要考慮的是，擁有知識和科技是有後果的，你舉了一個很好的例子，製造核子武器的知識對人類整體而言是好是壞，我認為不難判斷，因為人類實際使用過核子武器，那殺傷力是十分驚人的，而核輻射遺害之大，就更不用說了。要舉其他類似的例子也不難。我想知道的是，你是否認為，即使人類擁有的知識與科技之中有些是對世界有害的，但整體而言這個世界還是因為人類知識的增長和科技的進步而變得越來越好？

劉　大致上是的。雖然核子武器可以帶來極大的破壞，甚至有可能摧毀人類文明，但同樣的核子科技也可用來發電。若科技進一步發

展，核聚變（nuclear fusion）發電的技術變得成熟，[3]核輻射和廢料的問題也可避免。我們的生活條件在各個方面都得益於現代科技的進步，最明顯不過的是醫療科技對我們的貢獻。今天人類平均壽命比一百年前長一倍，而且不單是壽命增長，生活的質素也大幅提升了。若可以選擇，我相信大部份人都寧願出生於這個時代，而不是幾百或幾千年前的世界，那時就連抽水馬桶也未有呢！

個人層面的改善

王　人類在物質生活的各方面都在不斷進步，這是無可置疑的，不要說和幾百年或幾千年前的情況相比，我們現在壽命長得多，物質生活也優勝得多了；就是比起五十年前，由於互聯網的出現和資訊科技的極速發展，人類已活在一個和五十年前截然不同的世界，在生活的很多方面都豐富、方便和快捷得多了。然而，人類物質生活不斷改善，是不是等於世界變得越來越好呢？

　　我們可以從三個層面回答這個問題。首先是個人：一個人的物質生活不斷改善，而且已達到豐衣足食的地步，這是不是等於他的生命或人生變得越來越好呢？第二個層面是人類的集體世界：人類物質生活不斷改善，如果達致世界上大多數人、甚至所有人都不愁衣食，這是不是等於人類的集體世界變得越來越好

3　現時核能發電都使用核裂變（nuclear fission）技術，這種核能有輻射洩漏和核廢料處理的問題；而核聚變則是潔淨得多的核能，但技術難度甚高，暫時還未能應用來發電。

呢？第三個層面是世界整體，即地球及其上的一切：人類物質生活不斷改善，這是不是等於世界整體變得越來越好呢？

　　這三個層面的問題，我們逐一討論吧。你會怎樣回答第一個問題？

劉　好，就按你提議的三個層面逐一討論。然而，首先我想澄清一下「越來越好」或「進步」這些概念。我想指出：一、進步不等於不斷向好發展、而從來沒有倒退；二、過去有進步，不等於將來也會繼續進步下去。

　　當我說世界在多方面變得越來越好，都在不斷進步，所指的是向好的發展趨勢，而不是每一刻都比過去任何一刻優勝。正如我們知道氣候正在不斷暖化，但這並不表示每一天都比前一天溫暖，或今年一定比去年炎熱；溫度的變化可以有很大的波動，但我們仍然可以確定有一個明顯的暖化趨勢。我們也是在這個意義下，來談世界是否有變得越來越好的趨勢，對嗎？另外，雖然「趨勢」有指向未來的意味，但我認為可以較確實分析的，是過去的發展；至於將來，有很多不確定的因素，我們只能基於過去的觀察，作一些粗略的估計或大致的預測。你同意嗎？

王　你的澄清我都同意。其實我對「越來越好」或「進步」的理解本來就是這樣，只是沒有明確說出來而已。

劉　好，現在回到你剛才的問題。知識和科技的進步大幅改善了人類多方面的生活條件，包括壽命延長、健康改善、財富增加、衣食更豐足、預防和抵抗天災的能力提升等等。在個人層面，這些物質條件的改善，一般而言的確意味著生活質素的提升，也讓個體的生命變得更豐盛。

　　我明白不少人會質疑，即使物質生活改善了，例如能夠隨時享用珍饈百味，也不表示生命變得更豐盛或心靈更滿足。這個質疑其實我也未必同意，因為我傾向認為飲食對生命或心靈也相當重要，但我更想指出的是，無論如何這只是物質條件改善的其中一個面向。物質條件的改善還有很多其他面向，都可以對個人的人生有難以否認的貢獻，例如直至數十年前，嬰兒的夭折率還是很高，也有很多孩童因各種疾病和天災而死亡。我父母親都有數名兄弟姊妹未能長大成人，這種情況在他們那一代人還是相當普遍的。未能長大成人的小孩，不單他們自己沒有機會經歷人生的不同階段，未能發展所長，他們的父母、親人也要經歷喪失至親之痛。你和我都有子女，應該可以想像這種傷痛之深。物質生活的改善包括讓大部份人避免經歷這種深刻的傷痛，這不是改善了眾多個體的生命質素嗎？

物質生活與精神生活

王　你說的，也許對很多人而言根本無可反駁、甚至不證自明，但我不認為問題是那麼簡單。我剛才說的「豐衣足食」和「不愁衣食」，很明顯不只是指衣服和飲食，而是用來借代整個物質生活；不過，既然你特別提到自己「傾向認為飲食對生命或心靈也相當重要」，我就先拿飲食為例來解釋我的看法吧。

　　飲食的確不是只有物質的一面，也可以有精神的一面——至少對一些人來說是這樣。例如我喜歡烹飪，視下廚為創作活動，弄出好菜式的時候很有滿足感，而那滿足感不只在於有美味的食物享用，還在於創作欲得到宣洩，那是精神或心靈的滿足；

此外，做出來的美食得到家人和朋友欣賞，而且他們更欣賞的是我花的時間和心思，那就豐富了人際的親愛關係，屬於精神生活。其實，就算只是一家人或三兩知己出外吃頓晚飯，其樂融融，也不能說純粹是滿足食欲，而是同時有心靈的滿足。

然而，只要一個人不必為飲食擔憂、沒有食不飽或缺乏清潔水源等問題，那麼，不必等到有能力吃山珍海錯，便已經可以得到我說的那些飲食的心靈滿足了。假如我是生活在五百年前的一個農夫，晚飯弄了一盤美味的芽菜木耳炒雞蛋（相信我，這樣簡單的材料我也能做得美味），家人吃得開心，我從中獲得的心靈滿足，相信不會小於現實的我弄一道龍蝦或鮑魚菜式給家人吃。

概括而言，我認為從個人層面看，只要人類的物質生活進步到某個程度，即使不繼續改善，也未必不好；反而可能是進步越大，增添新煩惱的機會便越高，對精神生活有壞影響。

劉　其實我可以接受，當人類的物質生活進步到某個程度之後，繼續改善下去對人類的精神或整體生活未必再有好處，甚至可能適得其反。然而，我認為直至今天，世上大部份人的物質生活，尤其是在醫療、衛生、飲食等多個重要環節，還未發展到這個程度，而且還可能需要很長時間才發展至這個程度，因為有很多將來出現的發展和進步，是我們今天難以想像的。我們或許以為在某些領域已經沒有甚麼進步空間，但其實只是我們的知識和想像力有限而已。

不過，有一點我們應該沒有分歧，就是過往某些發展對人類生活質素的改善是非常明顯和巨大的，例如抗生素和疫苗的發明大幅延長了人類的平均壽命，但往後的發展就不容易再有這種大幅的改善，因為當物質條件已經很優越的時候，再出現的進步可

能都是較微少的。這或者可以借用經濟學所談的邊際效益遞減
(diminishing marginal utility) 來理解。[4]

　　這種邊際效益遞減的情況在飲食領域也是可觀察到的。過往
的農業、運輸等技術進步令人類有穩定的食物供應，令很多人都
再沒有吃不飽的問題，這是一個很明顯和實質的進步；可是，今
天與飲食有關的技術進步所帶來的效益就沒有那麼顯著了，以致
讓人覺得那些進步好像可有可無。然而，我認為我們不應低估過
往已有和將來可能有的進步。

　　偉雄兄你認為，若你是生活在五百年前的一個農夫，也可弄
出一盤美味的芽菜木耳炒雞蛋。我親身品嚐過你烹調的餚菜，對
你的高超廚藝極有信心，但我還是懷疑五百年前的農夫是否可以
那麼容易做出一盤美味的餚菜。首先，即使偉雄兄天賦極高，不
用看甚麼食譜或 YouTube 煮食頻道，你的廚藝也得益於眾多親戚
朋友和世界各地的酒樓食肆所提供的飲食經驗，當然還有各種方
便的食材可用來做實驗。五百年前的農夫幾乎沒可能有這些經驗
和條件，讓他發展廚藝；更不用說他在辛勞的耕作後，可能根本
沒有時間和氣力去煮食。不要說五百年前，即使今天去野外燒
烤，單是生爐火，若不用炭精和點火槍等現代工具，就已經要弄
上半個小時了，五百年前煮食真不知是甚麼一回事！

　　更根本的問題是，五百年前要吃一頓飽飯並沒有那麼容易。
你知道我的立場深受心理學家平克 (Steven Pinker) 影響，他在
2018 年出版的《再啟蒙的年代：為理性、科學、人文主義和進步

4　邊際效益遞減是經濟學的基本概念，指的是在消費者偏好不變的情況下，商
　品消費數量不斷增加到某一程度後，消費者從每一新增單位所得的效益便開
　始變得越來越少。

辯護》(*Enlightenment Now: The Case for Reason, Science, Humanism, and Progress*) 討論了人類在眾多不同領域的進步，其中也包括糧食方面。他在第七章〈營養〉("Sustenance") 開首便引用了瑞典作家諾伯格 (Johan Norberg) 的例子。諾伯格在其著作曾提及他祖先的童年回憶，憶及 1868 年一個如常的冬天，一位母親帶著三個小孩挨家挨戶哭著行乞，希望求得一些麵包碎屑，讓孩子果腹；有天那三個小孩來到諾伯格祖先家裏乞求食物，可惜他們自己食物也不多，只能哭著把少量食物分給小孩，結果一天之後他們在家的不遠處發現那三個孩子的屍體。[5] 這個回憶不是單一事例，今天的瑞典是世界上最富裕、最平等的地方，但一百五十年前的瑞典人還在掙扎求溫飽和生存，我想五百年前其他地方的情況只會更艱難吧。

王　目前還有不少落後地區的人吃不飽穿不暖，衛生條件惡劣，醫療設備簡陋和不足；對這些地區的人群來說，物質生活顯然是應該繼續改善的。其實，就算是發達的國家，也不是人人的物質生活在各方面都得到滿足。不過，這些考慮已超越個人層面，待會我繼續跟你討論，而我剛才說的只限於個人層面。

　　我的意思是，一個人的物質生活改善到某一程度，居有定所，不必憂愁食物不足、水源不潔或冬天會凍死，有病痛時會得到適當的治療和照顧等等，這時候，如果他的物質生活繼續改善，甚至是大大改善，他生命的整體質素不一定因此而變得更好。有可能變壞嗎？當然有，在不同的方面都可能變壞：物質生

5　Steven Pinker, *Enlightenment Now: The Case for Reason, Science, Humanism, and Progress* (New York: Viking, 2018), 68.

活的不斷改善會帶來新的和更多的欲望，也因此而帶來新的和更多的煩惱。這些新的和更多的物質欲望亦會令一個人跟其他人的關係有更複雜的變數，而這些變數對人際關係可能有壞影響。還有，物質欲望與精神欲望會互相競爭心智資源（mental resources），而精神欲望有可能被物質欲望打倒，甚至經常被打倒。因此，一個人的物質欲望越多，他的精神生活便有可能越來越貧乏，以致他生命的整體質素變壞——一些生活萎靡腐敗的有錢人就是好例子。

讓我也回應一下你對芽菜木耳炒雞蛋那個例子的看法。對，假如我是五百年前的農夫，由於資訊、工具、材料等各方面的時代限制，弄出來的芽菜木耳炒雞蛋可能不及現實的我做得那麼美味；可是，那個例子的重點不是這兩盤相隔五百年的芽菜木耳炒雞蛋味道可以一樣好，而是享用時所獲得的心靈滿足可以一樣大。假如我嚐那道五百年前的小菜而不覺得美味，那是從我的角度看，也許作為現代人的我舌頭給寵壞了，但這與古代農夫所得的滿足感並不相干。有時我們想像古代的人生活是多麼的慘，可能說對了，但也可能是無意中用了時代誤置（anachronism）這種不可靠的思維方式。

劉　那道五百年前的小菜客觀上應該不會及得上你現在煮的那麼美味，但五百年前的農夫沒有比較的機會，所以那道小菜絕對可以讓他感到同樣滿足。我記得一生人中，最令我感到美味難忘的一頓飯，不是甚麼珍饈百味，而是一碗簡單到不得了的臘腸飯。那是我高中時參加的一次遠足露營，當天可能走了十小時的山路，然後在營地用最簡單的設備煮了一鍋白飯，加了幾條臘腸。一打開鍋來進食時，我感到從未吃過如此美味的晚飯，至今難忘。當

然，那碗臘腸飯客觀上沒有甚麼特別，只是我經歷了一天的路程，疲憊不堪、肚餓極了才會覺得那是人間美食。

我想指出的是，美味或滿足的感覺有很多環境因素和主觀成份，快樂的感覺也一樣。有研究顯示，當人因意外而變成殘障，甚至半身不遂，一開始時，這些人當然感到十分痛苦和悲傷，但過了一段日子，習慣了行動不便的狀態後，他們內心的快樂感覺很快就會回復到正常水平。[6] 如果只考慮內在或主觀的感覺，他們可能與一般人無異，可是，我們仍然會認為他們的人生其實受到很大限制，有些客觀的條件不太理想。我不是要否定這些人的生命價值，而是要指出，當我們考慮一個人的人生是否理想或美好的時候，除了他主觀的快樂感覺或心靈滿足感之外，還須要考慮其他較客觀的因素；總括而言，就是考慮一個人的福祉（well-being）。

構成福祉的因素不容易清楚羅列出來，除了快樂外，還包括健康、自由、自我實現、發揮所長、充滿親情愛情友情等等，擁有這些條件的人生就是豐盛的（flourishing）人生。當我們設想五百年前的農夫時，的確有可能無意中犯了時代誤置的問題，誤以為他因為物質條件匱乏，就沒有我們那麼快樂。然而，若我們一併考慮其他構成豐盛人生的因素，就較容易作客觀的比較。

另外，你提及物質條件的進步過了某一個程度，可能反而令生活變得萎靡腐敗，令整體精神生活越來越貧乏，這種情況似乎在暴發戶身上尤其常見。然而，即使真的有這樣一個臨界點，我

6　Philip Brickman, Dan Coates, and Ronnie Janoff-Bulman, "Lottery Winners and Accident Victims: Is Happiness Relative?," *Journal of Personality and Social Psychology* 36 (1978): 917–927.

認為絕大部份人還遠遠未到這個階段。要判斷物質條件的進步是否已經對精神生活構成負面影響，我們可以比較富裕先進和貧窮落後地方的人民，他們的精神生活、甚至道德水平有何分別。我認為財富等物質條件明顯對文化和藝術修養，尤其是品味的培育，有正面的貢獻，而對道德生活一般而言也是有益的。俗語所謂「發財立品」，或文雅點說的「衣食足而知榮辱」，不是全無道理；你看最富裕的西方國家和日本，他們的公民質素一般而言不會比貧窮落後地區的人差。不過，有一點我倒是同意的，太快速的財富增長或物質進步可能帶來反效果，尤其是如果這種增長加劇貧富懸殊，這不單對社會整體的穩定有壞影響，甚至對個人的精神生活也有壞影響。

個人福祉與豐盛人生

王　你提到「個人福祉」和「豐盛人生」這兩個概念，我認為是說到問題的核心了。不錯，豐盛人生有一些客觀因素，問題是，這些因素有多少是取決於物質條件？就以你舉的例子來說，健康、自由、自我實現、發揮所長、親情愛情友情等等都有物質條件，但也有心靈或精神條件。單說愛情吧，兩人相愛，不會只取決於相貌、學歷、財富等物質條件，更重要的是心靈契合；有時候，精神條件的滿足甚至可以彌補物質條件的不足，俗語說「有情飲水飽」，雖然誇張，但的確是有點道理的。

　　就算物質條件的滿足是豐盛人生的必要條件，不可不注意的是，這些條件的滿足有程度之分。我剛才一直質疑的，包括以下這個看法：物質條件的滿足要到達很高的程度，人生才會美好。

例如健康，是不是要身壯力健、全無病痛才可以有豐盛的人生？我認為不是。其實，你舉的殘障或半身不遂人士的例子，正好說明一個人不必很健康也可以過豐盛的人生。著名物理學家霍金（Stephen Hawking）大半生全身癱瘓，但他的人生算得上是豐盛吧？也許你會說，假如他身體健康，沒有全身癱瘓，他的人生會更加美好。是否如此，天曉得！人生是一個各部份互有關聯的整體，改變一部份便會牽動其他部份；假如霍金沒有全身癱瘓，他很可能會有不同的朋友、不同的婚姻等等，也可能開車時發生嚴重意外，腦部受損，喪失思考力。

霍金是個極端的例子，讓我舉另一個有名的例子吧！孔子稱讚弟子顏回說：「賢哉，回也！一簞食，一瓢飲，在陋巷，人不堪其憂，回也不改其樂。賢哉，回也！」[7] 顏回的樂，不只是一種快樂的感覺，而是豐盛的精神生活給他的滿足感；這樂，這滿足感，不會因為物質生活的匱乏而稍減 —— 顏回的人生還是豐盛的。不過，顏回年僅40歲就去世，那就不能不說是遺憾。

我不是要浪漫化貧困的生活，我只是想指出，即使一個人在物質條件的滿足很有限，他仍然可以有豐盛的人生。當然，霍金和顏回都是非凡人物，一般人難以做到他們那樣；但即使是一般人，也不是物質條件的滿足要到達很高的程度，才會有豐盛的人生。

至於物質生活如何影響精神生活，我想到的不是你說的暴發戶 —— 大多數暴發戶本來就是精神生活貧乏的人。我剛才指出一個人的物質欲望越多，精神生活便有可能越來越貧乏，這一點

7　《論語·雍也》。

適用於任何人。這是從個人層面說。你剛才比較富裕先進的地方和貧窮落後的地方，指出前者在精神生活、甚至道德水平比後者優越，那已超越個人層面，而是從人類的集體世界這個層面看了。你對個人層面的討論有沒有補充？

劉　我們都同意科技和物質生活在進步，並且帶來了一系列的好處；我們爭議的是，這些進步會否帶來某些反效果，尤其是在精神生活方面。當然，有些我們推崇的價值，例如刻苦、堅毅等，可能只在物質條件匱乏、甚至患難中才能發揮和彰顯出來。即使如此，在科技和物質進步的社會，我們理論上還有自由放棄舒適的條件，選擇過簡樸的生活；相反，過去的人卻沒有自由選擇過科技進步和物質豐裕的生活，因此在這個意義下，我們還是比過去優勝。

　　你反覆質疑，物質條件豐富了就會產生更多的物質欲望，令精神生活變得貧乏。這點我有些保留，因為物質條件豐富也可令我們有更多資源和空間發展精神生活，例如我之前提及，要培養文化藝術和品味，都需要有豐裕的物質條件。物質條件與精神生活到底有甚麼因果關係，這大概要在社會或集體層面才較容易討論，但我們也可以撇開它們的因果關係，獨立地討論人類精神生活的發展。

　　我們關心的是世界是否在變好，人類的福祉有沒有改善。你剛才以愛情作為例子，嘗試說明物質條件的進步不一定帶來更好、更高尚的愛情，這點不無道理。然而，若我們撇開物質條件的因素，單獨地思考到底人類的愛情生活有沒有改善，我認為答案是肯定的。今天我們擁有的戀愛自由是過去大部份時間都沒有的，尤其是當我們考慮一些非主流的戀愛關係，這就更為明顯

了。就以同性戀為例，雖然歷史上也有些文化包容同性戀，但同性戀者過去在很多社會都受歧視和迫害。例如現代計算機之父圖靈 (Alan Turing)，在七十年前的英國因其同性戀傾向被迫害而自殺；幾十年後的今天，不單同性戀、甚至同性婚姻在先進國家已廣被接受，而圖靈的肖像還剛被採納為新的五十英鎊鈔票圖案，這不是反映出人類的愛情生活整體地大幅進步了嗎？

頌古非今？

王　也許我還是未能清楚表達我的懷疑，讓我再換一個方式講。記住，我們仍然是在討論從個人層面說，世界是否由於科技和物質生活的不斷進步而變得越來越好。我認為答「是」的人對科技和物質生活的進步有過份樂觀的信賴。當然，有這種樂觀態度的人相信的，不是現在每一個人的生活都比古代所有人的好，因為事實顯然不是這樣；我們應該只比較相若的人，例如現代的有錢人和古代的有錢人、現代的哲學家和古代的哲學家等等。

如果你問我，就物質條件而言，寧願生活在二十一世紀還是五百年前或更古，我只要想到冷氣機，便會毫無疑問選擇二十一世紀。可是，如果你問我寧願當一個二十一世紀的哲學家還是十七、十八世紀的哲學家，我想我是會選擇後者的。為甚麼？這可不容易回答。籠統點說，我認為當代的文化和社會環境都不利於深刻的哲學思考——生活節奏太快，物欲繁雜，資訊膨脹，實在有太多太多容易令人分心的事物了。假如我們要比較一位當代著名哲學家與一位十七、十八世紀大哲學家，兩人都屬於不愁衣食的階層，比如說查爾莫斯 (David Chalmers) 和休謨 (David Hume)，

比較的是他們哪一位的生命更豐盛；我想，我們不應該單憑查爾莫斯的物質生活比休謨的好得多，便得出「查爾莫斯的生命更豐盛」這樣的結論吧！

我認為現在已沒有哲學史上的那種大哲學家，我心目中最後的一位大哲學家是維根斯坦 (Ludwig Wittgenstein)。有趣的是，維根斯坦在《哲學研究》(*Philosophical Investigations*) 的扉頁引用的一句說話也和進步有關，是奧地利作家奈斯特洛伊 (Johann Nestroy) 說的：「進步的麻煩之處是，它總是看起來比實際上大得多。」[8] 也許現代人當局者迷，容易錯誤評估世界的進步，以致認為世界變得越來越好。

劉 休謨當然是比查爾莫斯更偉大的哲學家（除非查爾莫斯以後有十分驚人的哲學貢獻），這點沒有人會持異議，但這並不表示休謨的生命比查爾莫斯的更豐盛。眾所周知，休謨的仕途並不順利，因為他的哲學立場在當時被視為極端，終身找不到大學教席；以他的能力，若活在今天較包容和進步的世界，很可能有更大的發揮空間。還有，休謨終身未娶，這可能因為他根本沒有這種需要，但也可能是他如圖靈般有非主流的性傾向，由於不被社會接納而唯有抑壓下來。倘若休謨活在今天，他也會享受到科技進步所帶來的種種好處，但對休謨這類人，豐富而舒適的物質生活可能並非很重要，雖然我猜想他也會如查爾莫斯般，享受去不同地方參加學術會議，與眾多學者切磋之餘，還可遊歷世界各地。

8　Ludwig Wittgenstein, *Philosophical Investigations*, fourth edition, trans. G. E. M. Anscombe, P. M. S. Hacker, and Joachim Schulte (Oxford: Wiley-Blackwell, 2009). 該句的英譯是 "The trouble about progress is that it always looks much greater than it really is"。

　　若休謨活在今天，他必定會享受現今社會對思想和言論自由的保障、對異見的包容和對非主流生活方式的接納；我相信這些文化層面的進步，對休謨而言會是重要得多的，也會令他的生命變得更豐盛。這些文化層面的進步，無論是否來自科技的進步，都反映我們的世界正在變好。今天的確難以出產十七、十八世紀那種大哲學家，這或許令人感到今非昔比，但當中涉及很多因素，我們要避免過份美化過去。這也是休謨對我們的提醒：「頌古非今這種想法，深植於人性，就算是有真知灼見的人和飽學之士，亦難免受其影響。」[9]

王　休謨的說話是很好的提醒。老實說，我在大學主修的是中國文學，而且集中於古典文學，因此較一般人容易發思古之幽情；不過，我也時常警惕自己，不要美化或浪漫化古人的生活。無論如何，我剛才比較休謨和查爾莫斯，意思不是休謨的生命一定比查爾莫斯的更豐盛；我只是指出，休謨雖是古人，但和同樣是哲學家、同樣是豐衣足食的現代人查爾莫斯比較，整體生活未必較不豐盛，甚至可能更為豐盛。

　　說到這裏，我想起《道德經》令我印象特別深刻的幾句：「五色令人目盲，五音令人耳聾，五味令人口爽；馳騁畋獵，令人心發狂；難得之貨，令人行妨。是以聖人為腹不為目，故去彼取此。」[10]

9　"The humour of blaming the present, and admiring the past, is strongly rooted in human nature, and has an influence even on persons endued with the profoundest judgment and most extensive learning." David Hume, "Of the Populousness of Ancient Nations," in *David Hume: Selected Essays*, ed. Stephen Copley and Andrew Edgar (Oxford: Oxford University Press, 1998), 274.

10　《道德經》第十二章。

查爾莫斯的生活比起休謨的，就是多了很多現代科技和物質條件
提供的五色、五音、五味，令人馳騁畋獵，雖不真的會發狂，但
很可能經常處於追求而不得滿足的狀態，也可能令查爾莫斯比起
休謨較不能專心研究哲學。我說休謨的整體生活可能比查爾莫斯
的更為豐盛，不過是這個意思。

說得籠統一點，我認為同是豐衣足食者，在古代比在現代較
容易活得快樂；至於追求精神生活的豐盛，如果已無衣食之憂，
那麼，我認為也是在古代比在現代較容易達到目的。

從人類的集體世界看

這都只是從個人層面看，要是從人類的集體世界這個層面
看，我沒有那麼抗拒「世界變得越來越好」這個說法。物質生活
的進步固不待言，社會思想方面的進步也很明顯和重要，例如你
提到的對同性戀的接納、思想和言論自由以及對異見的包容，還
有女權和人權的觀念等等，這些進步令人在集體生活中得到越來
越公平的對待和較大的保障，而且看來會繼續進步下去。

然而，人類的集體世界也不是一面倒向好的方面發展，例如
經濟發展衍生消費主義，令人越來越重視物質享受和嚴重浪費資
源；科技的進步令軍事武器殺傷力倍增，雖然現代的戰爭沒有古
代的那麼頻繁，但現代戰爭的傷亡人數卻遠超古代的。

劉　不錯，科技的進步也會帶來新的危機。軍事武器的殺傷力確實不
斷大增，現代的戰爭可以造成遠遠地更大的傷亡，甚至滅絕人
類。然而，二十一世紀雖然是人類歷史上科技最進步的時代，人

類擁有殺傷力最大的武器，但至今卻是最和平、戰爭傷亡人數比例最低的時代；雖然有零星的區域性戰爭，卻沒有大規模的死傷。這可能是因為二十一世紀只過了五分一，將來或許有死傷數字驚人的世界大戰。不過，即使我們回顧經歷了兩次世界大戰的二十世紀，第二次世界大戰時雖然已有原子彈等殺傷力極大的武器，但戰爭的傷亡人數比例上並不比過去為高。

當然，兩次世界大戰加起來死了幾千萬人，數目上比過去的戰爭為高，但我們要同時考慮人口基數的差異。因為二十世紀人口比過去任何時代都高很多，若計算因戰爭而死的人口比例，二十世紀不比過去任何一個世紀為高。平克在 2011 年出版的《人性中的良善天使：暴力如何從我們的世界中逐漸消失》(*The Better Angels of Our Nature: Why Violence Has Declined*) 有詳細的數據和分析。平克指出，尤其是那些還未有國家組織的原始族群，他們雖然可能只有石頭或弓箭等原始武器，但有些考古研究發現那些原始族群因戰爭而死亡的人口可以高達60%，平均也有15%。與之相比，二十世紀因戰爭而死亡的人口估計只有0.7%，比遠古時代的低得多，也低於十七世紀現代科技剛興起時的歐洲，當時的宗教或國族戰爭估計導致2%人口在戰爭中死亡。[11]

另一方面，現代戰爭產生的影響可能比過往大，但即使把由戰爭引起的屠殺、饑荒和疾病也一併計算在內，整個二十世紀直接或間接因戰爭而死亡的人口也大概只有3%。[12] 由此可見，雖然科技進步了，武器的殺傷力增大了，但戰爭傷亡的人數比例卻

11　Steven Pinker, *The Better Angels of Our Nature: Why Violence Has Declined* (New York: Viking, 2011), 50.

12　同上。

不一定上升。現代社會不但減少了戰爭，也發展出更文明的守則來規範大殺傷力武器的使用。

王　戰爭中的傷亡是人類文明的一種禍害，這種禍害的程度是否應該以人口比例來衡量，我認為值得商榷。死了幾千萬人比起死了幾十萬人，也許無論如何都是更壞的情況，不必看人口比例如何。打個比方：兩個家庭都有孩子在相若的年紀夭亡，第一個家庭是六個孩子死了兩個，第二個家庭是兩個孩子死了一個，前者的人數比例是三分一，後者是二分一，我們是否應該認為第一個家庭沒那麼慘呢？至少答案是不明顯的。

　　此外，現代戰爭的傷亡人口比例較古代的為低，是因為現代人口膨脹，而那也是科技進步的結果。然而，人口激增並不是好事，無論是對人類本身還是對整個世界而言，尤其是在人口過剩（overpopulated）的地區。在「人口激增並不是好事」這個前提下，「現代戰爭的傷亡人口比例較古代的為低」是好是壞，就更值得商榷了——現代戰爭的傷亡人數夠驚人了，這是科技進步帶來的壞事；可是，由於科技進步帶來人口激增這另一壞事，我們竟然要認為前者其實沒有看來的那麼糟糕，那不是應該令人感到疑惑嗎？

個人零件化及生活質素的不平均

　　從人口膨脹，我想到另一個問題。這個問題要同時從個人層面與集體層面來解釋，才講得清楚。現代科技的進步，不但令人的數目快速增長和令人的壽命大大加長，也令人所屬的群體和組織越來越多、越來越大、越來越複雜；還有另一方面，就是這個

發展令人在各種工作上的分工越來越細。這些情況導致一個問題，可以稱為「個人的零件化」。我的意思是，現代人大都是在做著大群體或大組織裏的小分工，像是大機器裏的小零件，很少工作是自己一手一腳完成的。當然，現代社會的生產力和效率遠勝從前，但代價是人的發展受到更多和更大的局限，較難在工作上得到創造感和價值感。這是科技進步帶來的問題，是現代才有的。

劉　六個孩子死了兩個，比起兩個孩子死了一個，情況好像並非較好，甚至有人會認為死了兩個人是更差的事情。可是，同樣是死了兩人，若出現在一個有六萬個孩子的群體，我們會認為是遠遠地較佳的情況，比起兩個孩子死了一個也是幸運得多。我們思考世界是否進步了，最有代表性的指標是社會的平均狀態，例如我們若要比較現在和過去的教育水平，我們會比較不同時期的整體識字率和入大學率等數字，而非比較識字者和大學生的人數。

　　至於人口激增是否好事，的確是值得爭議的課題，但這是一個獨立的議題，不宜與「戰爭的慘烈程度應以死亡率還是死亡人數來衡量」混為一談。人口過剩當然不是好事，但是否「過剩」取決於環境和技術因素，例如農業社會時的香港可能只能養活幾萬人，但隨著科技進步，幾百萬人也能生活在這個地方；只要規劃得宜，大家也可以有不錯的生活質素。簡言之，世界是否人口過剩要視乎是否有可持續 (sustainable) 的方法，維持甚至改善人們的整體生活質素。我一直強調我們的整體生活質素在不斷改善之中，至於這種生活質素是否以可持續的方式來維繫，我就不太肯定了。

　　現代社會的確有你最後提及的「個人零件化」情況，但正因為我們分工越來越精細，才有高效率的社會，才可在各個領域不

斷突破。這種好處或整體的進步是否也可以構成個人的創造感或
價值感呢？

王　就算只是看社會的平均狀態，人類在科技上的進步，也不是一直
　　都相應地提高了人類的平均生活質素。最好的例子莫如十七、十
　　八世紀在歐美發生的工業革命，那確實令人類的生產力大大提
　　高，經濟發展一日千里；可是，其中的資本主義動力同時衍生很
　　多社會問題，大量工人——包括很多童工——被嚴重剝削，幾
　　乎每天都要長時間勞動，只換來微薄的收入，生活十分悲慘。這
　　個發展令少數人迅速富起來，可是，歐美當時的人不見得平均生
　　活質素提高了。

　　　　當然，現在資本主義國家的勞動人民不再像工業革命時那樣
　　受僱主剝削，但貧富懸殊的情況仍在，而且在過去二三十年變得
　　越來越嚴重。此外，就算現在的情況暫時變得越來越好，也難保
　　證另一個科技上的突破不會帶來新的社會問題，製造新一輪的悲
　　慘世界。

　　　　其實科技是一種力量，凡力量都有機會被濫用或引起意想不
　　到的災難，例如人類現在正積極開發的基因改造、量子電腦和人
　　工智能等科技，如果完全成功了，可以廣泛應用，是不是一定利
　　多於弊，根本難以逆料。簡單如鐵路和火車，如果第二次世界大
　　戰時還未有這種科技，納粹德國便不能在那麼短時間內殺害幾百
　　萬猶太人，當然還要借助毒氣室技術。假如納粹大屠殺沒有發
　　生，我們恐怕不會將火車技術與屠殺的效率拉上關係，但那不表
　　示兩者不可以有關係。科技發展永遠有潛在危機，科技越先進精
　　巧，潛在危機越大；因此，現在人類面對的潛在危機比古人面對
　　的大得多了。

人類文明在各方面的進步都是有代價的，問題是付出與所得相抵下，結果是正還是負而已。我一直堅持的論點，不過是此中的正負不容易計算，我們沒有理由一味樂觀。

劉　工業革命初期的剝削情況的確十分嚴重，當時一般人的生活質素說不定比工業革命前還差，但這些社會問題可能是任何革命性轉變都難以避免的。然而，若我們從長遠的角度看，這些問題後來都得到大幅舒緩，因此可看成是整個進步歷程中的過渡性轉折。不過，你正確指出了，雖然現時一般人不再像工業革命初期那樣受剝削，但貧富懸殊問題仍在，甚至可能有越來越嚴重的趨勢。

　　我剛才提及平克在《再啟蒙的年代》討論了人類眾多不同領域的進步，書中也有探討貧富懸殊 (wealth inequality) 問題。平克承認貧富懸殊在十九至二十世紀大部份時間都在不斷加劇，反而近年有緩和或減輕的跡象；但平克最主要的論點是減少貧窮比減輕貧富懸殊重要得多，他甚至以香港為例子：「富裕而財富不均的地區，例如新加坡和香港，比起較貧窮但財富較平均的地區，例如東歐的前共產主義地區，往往在社會意義上是更為健康的。」[13] 這幾乎是整本《再啟蒙的年代》中我最有保留的論點。古語有云「不患寡而患不均」，[14] 我認為嚴重的貧富懸殊對社會整體傷害甚深。無可否認，人類的整體財富是在增加之中，最貧窮的國家人民生活質素也有改善，但若貧富懸殊也在加劇，總體而言

13　"Wealthy but unequal countries, such as Singapore and Hong Kong, are often socially healthier than poorer but more equal countries, such as those of ex-Communist Eastern Europe." Pinker, *Enlightenment Now*, 101.

14　《論語・季氏》。

是好是壞，則是難以判斷。若平克引用的數據正確，貧富懸殊近年有減輕的跡象，這當然是好事。

科技發展自然有潛在危機，科技越發達，潛在危機越大，這看法沒錯；但潛在危機本身不一定是壞事，例如核子武器的「相互保證毀滅 (mutual assured destruction)」潛在危機，反而產生了一種互相制衡的嚇阻作用，結果令人不敢使用核武。你認為哪些潛在危機最嚴重，最有可能破壞、甚至毀滅人類文明呢？

從世界整體看

王　歷史的發展沒有必然性，工業革命之後工人的待遇逐漸改善，那是歷史的偶然。世界是否變得越來越好，已非明顯，否則我們不會就這問題討論了這麼久。正如你指出過，就算世界到目前為止真的是變得越來越好，那也不保證將來會繼續變好。科技發展帶來的潛在危機，令我們有理由擔心人類的福祉在不久的將來會受到嚴重破壞，例如我剛才提到的人工智能和基因改造技術，都是有極大潛在危機的科技。這些潛在危機，不能單說一句「它們不一定是壞事」便輕輕帶過，因為每一個危機都是獨特的；過去的一個危機沒有毀滅性的後果，這個事實不能給我們任何理由相信，其他的危機也會只是虛驚一場而已。

不過，將來如何，的確難料，我們就說回已知的過去和現在吧。我想，你應該同意，如果著眼於世界整體，即地球及其上的一切，人類的文明及科技發展已經令到世界變得越來越差了。不過，在繼續討論世界整體之前，我想回應你剛才就「個人零件化」情況提出的問題。

　　你問我，分工精細帶來的好處或整體進步，是否也可以構成個人的創造感或價值感；我的看法是，那些極少數屬於領導階層的人也許可以從中得到創造感或價值感，但絕大部份人都不可以，絕大部份人都有「個人零件化」的負面存在感受。我認為這是現代人難以避免的問題，看來連哲學家也不例外 —— 在哲學研究專業化分工之後，哲學家也容易感到自己不過是「哲學大機器」裏的「零件」。

劉　我同意現在絕大部份哲學家只不過是哲學大機器裏的零件，今天最出色的哲學家也比不上以往的亞里士多德 (Aristotle) 或休謨等大哲。然而，若我們早幾百年出生，恐怕連當一件「哲學零件」的機會也沒有，可能只會做農夫或工匠，說不定還是文盲！今天的大哲學家沒有過去的那麼偉大，成就沒有那麼高，價值感可能也沒有那麼強；但我們今天要參與哲學活動，甚至以此為職業，卻比以前容易得多。

　　農夫或工匠能親手種出農作物或製成產品，無疑會有具體的滿足感，可是，即使撇開這類工作之艱辛，過往的工作也是十分刻板的；而更重要的是，過往的工作種類比今天少得多。個人零件化是建立一個複雜社會的代價，而複雜的社會才能容許多元的生活模式。原始的狩獵採集 (hunter-gatherer) 社會基本上只有狩獵和採集這兩種「職業」，農業革命令社會變得複雜，以致產生了新的職業，而工業革命和當今的資訊革命更徹底改變了社會結構。今天的不少職業或許枯燥乏味，但先進地區的大部份人至少比過往多了閒暇，可以發展個人興趣。總括而言，我並不覺得現代人的個人創造感或價值感比古人的低，況且有些職業也是頗有趣的。我女兒早陣子有時說她長大後要當個YouTuber，我初聽時

有點不以為然，但想深一層，這不失為一種有趣、有滿足感、甚至很有價值的工作。

　　你還有提及，你認為我會同意，如果著眼於世界整體，人類的文明及科技發展已令世界變得越來越差。你可以解釋多一點嗎？說不定我並不同意呢。

王　你說得對，若我們早幾百年出生，恐怕連當一件「哲學零件」的機會也沒有，可能只會做農夫或工匠；可是，做當今的「哲學零件」，比起做古代的農夫或工匠，是否一定更好？我認為答案至少不明顯是「一定更好」。

　　我也同意現代人的職業選擇比古代人多，有些職業能給人創造感或價值感，但整體而言，現代人絕大多數是當各式各樣的「零件」，很少人在工作上得到創造感或價值感；上班只是為了掙錢，有些人甚至很討厭自己的工作，每個星期最渴望的就是週末不用上班的那兩天。那種營營役役的無奈，恐怕古代的農夫或工匠不會那麼強烈感覺到。

　　至於人類的文明及科技發展已經令到世界整體而言變得越來越差，我指的是人類大規模破壞大自然，各種活動終於引致有災難性後果的全球暖化 (global warming)，以至為了製造食物而令極其大量的動物受苦。說世界整體變得越來越差，相信已是很明顯的事實了。

劉　無可否認，工業革命以來的科技發展改變了大自然的面貌，造成了不少環境災難，全球暖化更是人類當前最大的危機。然而，所謂「災難」和「危機」主要是對人類和動物而言的。例如，運油輪漏油會造成生態災難，導致大量海洋生物死亡、人類的健康受

損；但海洋或地球本身沒有感覺，對這些死物而言，根本未必有所謂好壞之別。有些哲學家認為自然現象、尤其是生物的多樣性本身有自足價值，按此標準，人類的發展令大量生物絕種，就等於令世界整體變得越來越差；但人類同時亦創造了大量新的建築、文化和科技產品，或許世界的總體多樣性並沒有減少。

　　無論如何，我認為好壞之別主要是對有意識和感覺的對象才有意思。對人類而言，我認為大致上世界是在變好的，這點已經討論了很久。對動物而言，我相當程度同意你的觀點，科技的進步對大部份動物而言都是災難。不單很多物種絕種了，即使某些動物能大量繁殖，但牠們可能生不如死。現代的農場和食品工業為了效率和利潤，用了很多慘無人道的方法飼養牲畜，令牠們承受遠比在自然環境生活更大的痛苦。當然，有些生物可能特別適應現代的城市生活，也有些寵物受到帝皇般的對待，但牠們只是少數幸運的動物，大部份生物的生存環境的確不斷被人類破壞。

　　然而，我們同時不能否認，這幾十年有關動物權益的意識不斷提升，越來越多國家立法規管飼養牲畜的條件，也有越來越多人關注動物的福祉，例如身體力行成為素食者（vegetarian）甚至純素食者（vegan）。就著這個趨勢，我反而對動物福祉的前景感到樂觀。

王　原來你比我以為的更加樂觀！我真不明白為何可以這麼樂觀。就說動物權益吧，經過一些積極分子（activists）幾十年的努力，現在確實多了不少人意識到動物權益是個道德問題，可是，改變自己的行為以幫助解決這個問題的人呢？仍然是少之又少——

跟很多人一樣，你和我都意識到這個問題，但照舊吃肉。大多數人的大多數行為是自利和短視的，而且對很多問題都抱有「眼不見為淨」的心態；少吃一點肉也許不難，但戒絕吃肉？那就是太大的犧牲，還是君子遠庖廚而肉照吃算了。

　　合力保護環境和對抗全球暖化也是同樣光景，大家對問題的意識都增強了、都多關注了，可是，在行為上配合的人，跟動物權益問題的情況一樣，是少之又少。對抗全球暖化當然不可能單憑人民日常行為上的改變，政府的大方向政策才是關鍵；可是，極權國家在政治上沒有推行對抗全球暖化政策的動機，而先進的民主國家，如果沒有極強大的民意推動，政府也是不會積極改變重大政策的。因此，無論是動物權益問題還是全球暖化問題，我的看法都是悲觀的。我的預測是，五十年後人類會因全球暖化引致的大災難飽受痛苦，動物權益則沒有多大改善，而動物將會與人類一同受全球暖化大災難的苦。

　　也許科技的持續進步可以舒緩這些問題，但我認為這些科技恐怕是來得太遲了；全球暖化問題固然很快就會到達沒有退路的地步 (point of no return)，就是動物權益問題，雖然培養肉 (lab-grown meat) 的研製已有大突破，但要推出市場，大量供應，做到價錢合理，而且大多數人願意用它來代替傳統的肉類來源，那是漫漫長路，現階段嘛，連起步也談不上！

　　相信你一定認為我過份悲觀，但我則認為你過份樂觀。我明白你樂觀的理由，你也明白我悲觀的理由；我不認為自己比你聰明，也不認為我對有關事實的認識比你的豐富，相信你對我的評價也是這樣。無論如何，我們談了這麼久，始終還是未能說服對方或達成共識。在英美分析哲學的知識論 (epistemology) 近年有

一個「熱門」題目，叫 "disagreement among epistemic peers"，[15] 中文可譯作「同儕異議」；我們剛才的討論，應該是同儕異議的一個好例子。

劉　是的。相信繼續討論下去也不會很快達成共識，只是加添一些論點細節而已。然而，對於我們能否慢慢減少分歧，甚至最終達成共識，我沒有你那麼悲觀啊！也可能是我太樂觀了。不過，我們應該能各自從這個討論得到進一步思考的資源，暫時就在這裏結束吧。

15　如果兩個人的智力、思考力和教育程度相若，在某一議題上有 (幾乎) 相同的知識，那麼，他們就這個議題而言便是 epistemic peers。

人工智能值得擔憂嗎？

進入二十一世紀後，人工智能的發展一日千里，不但是理論的大大改進，而且在應用方面已經可以説是深入和廣泛。現在的人工智能系統都只有特殊的應用範圍，還未發展出像人類智力一樣的通用人工智能，至於科幻小説和電影裏出現的有自我意識的通用人工智能，則可能永遠不會發展成功。然而，雖然現在應用的人工智能只限於特定工作，但已對人類生活產生巨大影響：這些影響有正面的，也有負面的。我們在享受人工智能的代勞時，是否也應該思考人工智能對人類個人生活和集體世界的衝擊，以防被盲目的科技樂觀主義推進一個可怕的未來世界？

王　早幾天我看了一齣新製作的紀錄片，在美國公共廣播電視公司 (PBS) 著名的資訊節目 *Frontline* 播出，講的是人工智能的發展和這種科技對人類將來的影響，十分有趣，不但令我長知識，還刺激我思考了不少有關的問題。紀錄片的名稱是 "In the Age of AI"，[16] 雖然我們還未到達人工智能被廣泛使用的年代，但大概相距亦不遠矣。記得我們上次討論「世界在變好還是變壞？」時，我提到過人工智能是有極大潛在危機的科技，你當時好像有點不以為然。不如我們這次深入討論這個問題好嗎？

兩種人工智能

劉　好啊！我並沒有輕視人工智能的潛在危機，只是對某些科幻電影式的想像有所保留。人工智能屬於資訊科技的一部份，現代資訊科技的革命，尤其透過互聯網的通訊和電腦的廣泛應用，根本地改變了我們的生活方式，帶來了不少便利，同時亦產生新的問題。人類自古以來都懂得使用工具，但電腦或人工智能這種工具帶來前所未見的可能性，甚至超越工具本身的性質，有可能取代或反過來支配工具的使用者。然而，我們現在擁有的人工智能系統還未有這種能力，要發展出所謂「強人工智能 (strong AI)」或「通用人工智能 (artificial general intelligence)」，那些科幻情節才可能出現。

16　PBS *Frontline*, "In the Age of AI," November 5, 2019, https://www.pbs.org/wgbh/frontline/film/in-the-age-of-ai/.

王　你怎樣理解強人工智能或通用人工智能？可以解釋清楚一點嗎？

劉　人工智能指有類近或超越人類智能的系統，這樣的系統必須擁有處理複雜資訊的能力。最早期的人工智能是專家系統（expert system），以電腦的程式和數據庫處理某些專門領域的知識，例如醫療專家系統可以基於一系列的病徵來斷症；不過，早期的人工智能系統只有所謂硬知識（hard knowledge），沒有學習的功能，不能像真正的專家那樣處理特殊情況或奇難雜症，也不能自動修正錯誤或更新知識。近年的人工智能進步了很多，大部份都有學習功能，尤其是以神經網絡（neural network）結構，模擬人類透過個案與例子來學習的能力。著名的人工智能系統 AlphaGo 和 AlphaZero 就是以這種方式學習圍棋，在短時間之內進步神速，戰勝了棋王。

　　無可否認，人工智能在眾多領域已經超越人類的能力，但每一個人工智能系統都有特殊的應用範圍，不像人類那樣，有跨領域的智能，並可以獨立地設定新的目標及自主地發展不同領域的專長。所謂強人工智能或通用人工智能，就是不受領域所限、靈活和自主的人工智能；到目前為止，研究者還未能製造出這樣的人工智能。

王　你提到的「科幻電影式的想像」和「科幻情節」，最著名的應該是《2001 太空漫遊》（*2001: A Space Odyssey*）裏的人工智能電腦 HAL 9000，和《未來戰士》（*The Terminator*）裏的人工智能網絡 Skynet，不過，它們不但有通用人工智能，而且有自我意識（self-awareness），HAL 更被塑造成具有人類的性格和感情。有些人擔憂人工智能發展下去，終有一天人類會反過來被人工智能系統統治甚至奴

役；然而，具有通用人工智能、但沒有自我意識的系統是不會構成這種威脅的。我們不必擔心那些可怕的科幻情節會成為現實，除了因為通用人工智能的發展困難重重，這方面的研究不知何年何月才有初步的成果，還因為要發展出有自我意識的人工智能系統更加遙不可及，甚至是科技上不可能的。

可是，有些科學家以及科技界名人，例如霍金、蓋茨 (Bill Gates) 和麥斯克 (Elon Musk)，表達過擔憂人工智能發展下去很可能會毀滅人類。你怎樣理解他們的擔憂？

劉　那些名人的擔憂可能針對不同層次的威脅，有些威脅是較具體和即時的，例如人工智能將會取代多類工種，令不少人失業。毀滅人類雖然並非當前的威脅，但也不是完全不可能在將來發生。現代社會環環相扣，很多部份依賴電腦來運作，若人工智能操控了關鍵的電腦系統，要癱瘓整個社會並非不可能；若有系統控制了大量核子武器，就有可能毀滅人類了。人工智能可能在不久將來發展出這樣的能力，但人工智能是否可能有意識地運用這些能力，就較難預測了。

一般而言，人工智能是設計來執行或完成某些預設目標的。雖然可以有壞人借助人工智能來毀滅或控制人類，但這主要並非人工智能本身的威脅，而是任何工具都有可能被誤用的問題。那些名人擔憂的是人工智能可能發展出一種能力，會自主地把「毀滅人類」設定為目標，或視之為要達成某種目標的必要手段，那麼人工智能就真的可能毀滅人類了。

同理，若人工智能發展出統治或奴役人類的能力，並以此為目標或達成目標的必要手段，那些科幻電影式的情節也可能出現；只不過比起毀滅人類，要統治或奴役人類的難度就高得多

了。然而，我不認為人工智能要發展出自我意識，才有這種威脅，因為沒有自我意識的人工智能也有可能自主地設定目標。況且正如好些經典的科幻情節所示，人工智能可以視統治或奴役人類為達至某一目標——例如保護地球生態——的必要手段；在這種情況下，人類也可能會被人工智能統治或奴役，只不過我認為所需的技術仍然是遙不可及。

人工智能取代的工種

王　你的分析很清楚，我完全同意，但其中每一點都值得進一步討論。我們先談人工智能取代多類工種的問題吧！我開始時提到的紀錄片，裏面有一節講的，正是人工智能即將令大量運貨車司機 (truck drivers) 失業，因為自動駕駛汽車 (self-driving cars) 成為現實，那當然包括自動駕駛運貨車。所謂「自動駕駛」，即是不需要人類當司機，由人工智能控制汽車，不但能開動，還能因應路面情況調節車速，在適當時候停車，並且比人類司機更可靠準時抵達目的地。此外，由人工智能控制的汽車，沒有人類司機的缺點，例如不會精神不足打瞌睡，不會故意不守交通規則，不會醉酒駕駛等等，可以大大減低發生交通意外的機會。交通更安全固然是好事，但大量運貨車司機失業，卻是個大問題……

劉　你說的「大量」即是大約多少人？

王　我本來不知道，後來查了美國方面的資料，看後真的嚇了一跳；原來根據美國運貨車運輸協會 (American Trucking Associations) 估計，全國運貨車司機竟有約350萬人之多！雖然這些司機不會一

下子全被人工智能取代，但即使需要十年時間，那也會造成很多經濟、社會及民生問題。此外，那些依賴運貨車司機消費的行業也會受影響，例如公路附近的旅館和餐廳；由於人工智能的應用而失業的人，便不只是運貨車司機了。

其實，很多行業都受到人工智能的威脅，有些十分明顯受到威脅，例如任何以資料分析為主的工作；有些沒那麼明顯受到威脅，例如外科手術醫生和某些類型的律師工作，在將來也會被人工智能取代。根據 BBC 在 2017 年發表的調查，綜合和分析了 352 位涉及人工智能研究的科學家的意見，結論是有 50% 機會人工智能會在 120 年內取代人類的所有工作。[17] 你怎樣看這個結論？

劉 我沒有那麼悲觀，但又可能比他們更悲觀。哈哈，這樣說好像自相矛盾，請讓我解釋一下。我相信大部份現有的職業遲早會被人工智能取代。有些人可能不知道，英文的 "computer" 一字在未有現代電腦之前，本來是指「計算員」這種職業，但這工作後來被電子計算機完全取代了，以至 "computer" 也失去原有的意思。今天我們熟悉的不少工種也可能面對同樣的命運，在不久的將來不單被人工智能取代，甚至被社會遺忘。你提及的運輸業就是很好的例子，而且那些影響是牽一髮動全身的，很多相關行業都會大受打擊，以致將來的社會經濟結構難以預測。

會否有甚麼工作或行業不可能被人工智能所取代呢？我認為是沒有的。即使是對智力和創造力要求最高的工作，例如科學或

17　Richard Gray, "How Long Will It Take for Your Job to Be Automated?," *BBC Worklife*, June 18, 2017, https://www.bbc.com/worklife/article/20170619-how-long-will-it-take-for-your-job-to-be-automated.

學術研究、音樂藝術創作等，我都看不到有任何一種是人工智能不可能超越人類的，幸好我們從事的哲學研究應該已是屬於較難取代的工作了。值得一提的是，不一定是智力要求較高的工作才較難被取代。例如我們一般認為醫生相比起護士，是智力要求較高的工作，訓練醫生所需的時間和資源，也較訓練護士所需的更多；但歷史學家哈拉瑞 (Yuval Noah Harari) 在《21世紀的21堂課》(*21 Lessons for the 21st Century*) 提出，人工智能要取代醫生的工作，比要取代護士的容易得多，因為護士照顧病人所需的 human touch 是很難由人工智能或機器提供的。[18] 不過，我認為機械護士最終也可能取代真人，給予病人更溫柔體貼的人工智能式的 "human touch"。很可能不用120年，人工智能就已能在所有領域超越人類了，這點我可謂比不少專家更「悲觀」。

然而，所有工作都可能被人工智能取代，並不表示所有工作都會被人工智能取代。即使不久將來人工智能能夠創作和演奏出更動人、更完美無瑕的音樂，真人演出的音樂會可能仍然是較受歡迎的。電腦下國際象棋的能力早已超越人類，但我猜想，真人國際象棋比賽的觀眾應該還是比電腦國際象棋比賽的多吧。無論機械足球員的技術多超卓，我還是只會看真人的足球比賽！因此，很可能有些工作基於各種因素，不會被人工智能取代；況且將來很可能有些只適合人類、但我們現在還難以想像的全新工種，就此而言，我又不是很悲觀。

我有個同事是愛狗之人，家裏養了隻短腿哥基 (Corgi)，他無論到哪裏旅行或公幹，都必定買手信給愛犬，我對自己家人也

18　Yuval Noah Harari, *21 Lessons for the 21st Century* (London: Jonathan Cape, 2018), 24.

沒有那麼細心啊！這個品種的狗看來笨笨的，跑也好像跑不動，我想牠們在大自然一定不能求生；但牠們偏偏就是很矜貴、很受歡迎，數量也不少，牠們的演化優勢大概就是賣萌吧。將來哪些工種較有市場，哪些人類的品質較受重視，今天還難以準確預測，說不定賣萌的工種才是最難取代和最吃香的呢！

王　賣萌？虧你想得到！不過，我相信賣萌難不倒人工智能；只要裝扮得恰當，人工智能在與人交流時，也是可以令人覺得很可愛的。不要說賣萌，如果人工智能要賣淫，也是輕而易舉的事。其實賣萌與賣淫都屬於你剛才解釋的「特殊的應用範圍」，假如由人工智能來做，根本不用等待發展出通用人工智能，我相信現在人工智能系統已經可以做到。

　　我認為難以被人工智能取代的，是某些依靠創作力的工作。不過，並非所有依靠創作力的工作都難以被人工智能取代，只是其中一些是如此。這不容易解釋，也許可以這樣說吧，那些要在創作力中帶有反叛性的工作，是難以被人工智能取代的。有些依靠創作力的工作，只要循著一套原則、規矩或方法去創作，例如寫一首交響曲或畫一幅油畫，便可以完成。可是，要創作到別開生面、另闢蹊徑，便要不為這些原則、規矩或方法所囿，甚至要故意犯規；所有偉大的藝術家、音樂家和文學家都是這樣煉成的。偉大的哲學家也是如此。因此，人工智能即使有能力作曲、畫畫、寫詩、寫小說，只會是匠，不能成家。以哲學為例，也許人工智能可以寫出像樣的哲學論文，但很難想像會出現一個人工智能的尼采（Friedrich Nietzsche）或人工智能的維根斯坦。

　　當然，這些偉大的藝術家、音樂家、文學家和哲學家是人類中的極少數，而他們所做的，也不是一般意義下的工作，即以之

為職業、受薪上班、有上司和同事等等。無論如何，你說的「所有工作都可能被人工智能取代」，我認為是太誇張了。

劉　「家」當然比「匠」罕有和難得，但若人工智能可寫出《哈利波特》(*Harry Potter*) 般水準的通俗小說，也有機會寫出《戰爭與和平》(*War and Peace*) 之類的文學鉅著吧。回到你的哲學例子，若人工智能可寫出像羅素 (Bertrand Russell) 的 "On Denoting" 那樣高水平的分析性論文，維根斯坦的《邏輯哲學論》(*Tractatus Logico-Philosophicus*) 是否真的在人工智能能力之外呢？我們的大腦不外是幾百億個神經元的組合，按照現代主流心靈哲學的物理主義 (physicalism)，[19] 任何心靈現象或能力，包括維根斯坦和尼采等天才的智力和創意，都是由這些複雜的神經元系統所產生的，沒有任何超自然或非物質的條件。人工智能系統若能以電子組件模擬大腦的神經網絡，理論上也能模擬、甚至超越任何藝術家、音樂家、文學家和哲學家的創造力。不過，我同意這並非易事，未來120年也未必能達成。

人工智能代勞與人類的自主性

王　我不接受物理主義，不過，我們還是不往物理主義這個方向討論好了，否則很可能會越講越離題。正如你說，就算人工智能將來會產生偉大的藝術家或哲學家，也會是遙遠的事。當前的問題是

19　按照物理主義，世上所有事物和現象，包括人類的心靈以及一切複雜的智性和情感活動，最終都不外是物理現象及其組合。

人工智能已經能夠取代人類很多不同的工作，即使是保守地估計，認為人工智能在未來五十年只會取代人類40%的工作，那已足以對社會造成莫大的影響。然而，有些人相信這些影響不一定完全是負面的，因為人類的適應力極強，社會結構的變化彈性也很大，例如以往的工業革命和資訊科技革命也令很多工作和行業消失，但人類社會隨之而變，現在的工種不見得明顯比這兩場革命之前的少；人工智能的發展堪稱另一場革命，也許這新一場革命的衝擊同樣會被人類的適應力抵消，雖然社會的面貌將會大大改變。

　　可是，人工智能的衝擊不限於取代人類的工作，如果「工作」指的只是上班下班謀生計的活動；人工智能還能替我們做很多事情，例如資料搜尋、安排時間表、購物的選擇、甚至選擇娛樂活動，再發展下去，人工智能大概可以替我們評估自我心理狀態、選擇職業、甚至選擇朋友和配偶！這些人工智能的代勞，我說是衝擊，因為那對人類未必是好事。不知你怎樣看？

劉　你說得真好！人工智能很可能會滲透到我們日常生活的每一個環節，替我們處理很多雜務，提供很多方便，但也真的會帶來不少衝擊。舉個例子，我們以前駕車到任何地方，都要對途經的街道有些認識；若到陌生或外國的地方，更要事先研讀地圖，甚至做筆記。現在大家都習慣使用自動導航，只要輸入目的地，就不用擔心迷路了。我甚至試過使用自動導航後，才發現有些我經常去的地方，原來有更快捷的路線。這些系統十分方便，但我們一旦習慣了，就容易變得依賴，慢慢失去認路的能力，以及位置感和方向感。

　　　　自動導航系統技術上是很簡單的東西，無需多少人工智能；自動駕駛系統就複雜得多了，但當這些系統變得成熟，它們會比真人司機更加可靠和安全，自然會取代司機的工作。那麼沒有人再需要學習駕駛，大家都變成了乘客；其他很多基本技能也一樣，將逐一被人工智能所取替，而我們也變得越來越「無能」了。

王　這些轉變並不新鮮，好像有了計算機，我們便減少了運用心算，有了打字機和鍵盤，我們便減少了執筆寫字；現在語音輸入法也發展成熟了，我們甚至連打字的能力都不必運用。然而，執筆寫字的能力應該是不會消失的，而且還可以書法的形式，作為興趣或藝術存留下來。而即使有自動駕駛可以代勞，很多人還是會自己駕車的，因為他們享受駕駛的樂趣，視之為興趣，甚至是運動或競賽項目。

劉　在人工智能出現之前，其他工具確實也改變了我們的生活方式，令我們喪失某些能力，但人工智能可帶來更根本的衝擊，完全超越工具本身的限制。例如剛才自動導航的例子，人工智能可以不單為我們找出最佳路線，甚至為我們選定目的地。原本我們可能是想到某戲院看某套電影，但人工智能可以分析大量數據，知道那間戲院已經接近滿座，就提議我們到另一間戲院。人工智能除了處理外在世界的數據，也能透過各種反應掌握我們的喜好，以至預測我們是否會喜歡那套電影，再建議一些更適合我們口味的電影，甚至提議我們取消看電影的念頭，做其他會令我們更愉快的事情。

　　　　當人工智能掌握大量數據，這些系統是有可能比我們自己更加了解我們的喜好和需要，作出更可靠的判斷。因此，人工智能

不但會成為非常聰明的工具，為我們找出最佳路線，還會逐步取代我們來做決定，為我們設定最佳的「目的地」。理論上這可以衝擊人生的所有環節，不僅是看甚麼電影、吃甚麼晚餐這些瑣事，而是如找甚麼工作或伴侶這些人生大事也可由人工智能來代勞。以後我們或許甚麼決定也不用做了，將來的人工智能可能變成人生的「自動導航」或「自動駕駛」系統，而我們則變成人生的「乘客」或「觀眾」，觀賞人工智能代我們活出的人生。

王　雖然你用了「衝擊」一語，但從你舉的這些例子，我不肯定你認為人工智能在日常生活各方面替我們代勞，是好事還是壞事。無論如何，你最後那句「觀賞人工智能代我們活出的人生」，卻道出了問題所在。如果你認同那是問題，「觀賞」兩字便是替人類自嘲了。

　　那麼，問題究竟是甚麼呢？我認為問題在於人會因此而喪失了自主性 (autonomy)。一個人之有自己的生活、自己的人生，乃在於在一定程度上能自主、作抉擇、定計劃，並對自己的抉擇和計劃之成敗負責任。假如事無大小都由人工智能替我們決定，那麼即使我們沒有「不能自主」的感覺，事實上我們並非自主。沒有自主性的所謂「人生」，還能算真正的人生嗎？你用「觀賞」兩字，實在很妙，因為這間接表達了很重要的一點：沒有自主性的所謂「人生」，會令人產生對生命的疏離感 (sense of alienation)，看自己的生活而沒有那是「自己的」的感覺，和看別人的生活沒有分別。這種對自己「人生」的「觀賞」，其實是可悲的。

劉　你的憂慮我完全明白。我們的自主性體現在我們掌握自己的命運，為自己做決定，並付諸實行，活出自己的人生。然而，很多

時候做決定是很麻煩、甚至是痛苦的。簡單如跟朋友在餐廳吃飯點菜，我們有時也會茫無頭緒，怕點錯又怕點得太多或太少。如果有人工智能系統了解我們的喜好，以及餐廳擅長的菜式，為我們建議健康美味又份量適中的菜式，不是很理想嗎？如果有這樣的系統，我肯定樂於使用！

　　人生有很多決定比點菜艱難又重要得多，例如不少人都為擇偶而煩惱。點菜有很多機會嘗試及改進，點錯了也沒甚麼大不了；但擇偶卻複雜得多，選錯了又會帶來很大的傷害。偏偏對於這麼重要的人生決定，我們不但沒有多少練習機會，也很難透過搜集資料、分析數據來做判斷，結果唯有在很大程度上訴諸我們美其名為「緣份」的偶然因素。因此，世上才有那麼多人到處求神問卜，或借助星座八字等，希望找到合適對象。人工智能能掌握和分析大量資訊，包括遺傳基因、家族歷史、宗教信仰、政治立場、生活習慣、消費模式、性格喜好、心理傾向等等，這自然有助我們在茫茫人海中找到合適對象。我們若把這些重要的決定也「外判」給人工智能，看來的確有點可悲，好像喪失了自主；但世上有多少人不斷尋尋覓覓，也找不到真愛，或反覆經歷錯愛的傷痛；若這些人工智能系統能減少悲劇，幫助我們找到合適的對象，建立穩定和美滿的關係，我相信很多人寧願放棄自主。

王　也許真的會有很多人寧願放棄自主，以換取人工智能的代勞；可是，他們大概沒有認真思考過，這樣的放棄要付出多大代價。除了我剛才說的，由人工智能替我們做大大小小決定的人生，會令人產生生命的疏離感，還有一個更嚴重的問題，尤其是如果這種人工智能的代勞是從小就開始的；那個問題是：我們會缺少了

人類心智成長必須經過的歷練。所謂歷練，包括在不同的情況或環境作困難的抉擇、從所犯的錯誤中學習然後改進、跌倒後再努力站起來而變得更堅強。假如一個人從來沒有經過歷練，他的人生可能很舒適，物質生活的滿足感很大，但他的心智成長很可能停滯不前，或十分緩慢。因此，如果將來的人類世界是人工智能主導生活的，那不但再難出現偉大人物，而且大多數人都是心智不成熟的巨嬰。這個可能的景象，單是想像一下，已令我感到可怕。

　　此外，自主其實是自由的運用；如果我們放棄了自主，便是間接放棄了自由，雖然我們未必會感到受強迫。這好比一個政府事事為人民安排，而這些安排是為人民好；就算那是一個完美的政府，那些安排真的對人民只有好處沒有壞處，人民的自由始終還是受損。當然，完美的政府並不存在，而人工智能則很可能極少犯錯，但這只是個思想實驗，帶出的重點應該很容易明白。

劉　對，我們剛才的討論還未考慮人工智能能有犯錯、甚至被惡意操控的可能。所有專制政權都有意圖監控人民，而人工智能的確可以成為奧威爾（George Orwell）的《一九八四》（*Nineteen Eighty-Four*）所預言那種打壓人民的工具。然而，我還是想暫時撇開這種可能的威脅，繼續思考一個沒有惡意、但徹底被人工智能支配的世界會是怎樣的？

　　如你所言，那個世界可能充滿心智不成熟的巨嬰。所謂「不成熟」是指缺乏那些構成一個獨立自主個體所需的能力，但甚麼是所需的能力卻因時代而異，幾萬年前是狩獵的能力，幾千年前是耕種的能力；隨著時代轉變，缺乏那些過時的能力也不算不成熟，只要能在新的時代中好好過活就可以了。若人工智能真的很

成功，能為我們安排好一切，那麼我們可能甚麼能力也不須運用，享受科技的成果就可以了；到時候，也就沒有所謂成熟與否之別。

　　我相信你會討厭這種世界，視之為很可悲的情境；但你知我一向較為貪圖安逸，並不介意沒有經過歷練的舒適，甚至不抗拒不勞而獲。我認為世上很多歷練都是徒勞的，大部份人一生營營役役，花很多努力不是為了改進或實踐自我，而只是為了有一份較穩定而舒適的工作可以糊口。很少人可以如我們般幸運，擁有一份有價值和滿足感的工作；不少人的成長更是傷痕累累，內心充滿挫折，一生都自覺為失敗者。我大概明白你心目中的理想人生，但那種追求歷練進步、甚至是偉大成就的心態，會否有點尼采式的精英主義，而忽略了凡人的需要呢？完美的人工智能或許令少數人的生命變得乏味，但很可能大幅改善絕大部份人的人生，況且說不定人工智能有度身訂做的方法培育有創意和偉大的心靈呢？

　　我曾在歐洲生活多年，相當欣賞他們的民主自由和社會保障制度。然而，當人有充分的自由和保障時，會選擇過會怎樣的生活呢？我數年前夏天到土耳其飛滑翔傘，看到大量歐洲遊客，從清晨到日落都在泳池邊曬太陽、喝啤酒、吃酒店的自助餐，晚上繼續到海灘喝酒跳舞，日復一日。有些遊客可能只待幾天或一兩星期，但不少退休人士可以這樣生活幾個月；他們很多肥腫難分，真的有點像行屍走肉。我看在眼裏，的確有點不以為然，但或許這就是大部份人的理想生活。若社會由人工智能來管理，這種舒適的生活可能不再限於富裕地區的退休人士，而是變成世上所有人的生活方式。

人類會因人工智能而平庸化嗎？

王　你言下之意好像是，全世界大部份人都過著行屍走肉的生活可以是一件美事，只要他們的物質欲望得到滿足便成了。你雖然說自己較為貪圖安逸，不介意沒有經過歷練的舒適，但你是讀哲學的，理應著重精神生活，並且思考過人之為人應該過怎樣的生活。因此，如果你說的沒有誇張，真的是你忠實的想法，我是會感到奇怪的。

　　讀哲學的人都聽過蘇格拉底 (Socrates) 的一句名言：「未經審視的人生是不值得過的」，最常見的英譯是 "the unexamined life is not worth living"；[20] 有另一個沒那麼流行、但我卻更喜歡的英譯，就是 "the unexamined life is unworthy of a human being"。[21] "Unworthy of" 是「配不上」的意思，行屍走肉的生活是配不上人類的；過這樣的生活，用蘇格拉底那句話來評斷，就是枉而為人。穆勒 (John Stuart Mill) 說做一個不滿足的人勝過做一頭滿足的豬，表達的也是同一個想法。[22]

　　我這樣說也許是太沉重了，但我們現在討論的其實也可以說是一個沉重的問題，因為那關係到整個人類的將來，而且不只是一些哲學家在抽象地臆測可能的將來——這個由人工智能安排

20　Plato, *Apology*, 38a, in *Five Dialogues: Euthyphro, Apology, Crito, Meno, Phaedo*, trans. G. M. A. Grube (Indianapolis: Hackett, 2002), 41.

21　Raimond Gaita, *Good and Evil: An Absolute Conception*, second edition (New York: Routledge, 2004), xxii.

22　"It is better to be a human being dissatisfied than a pig satisfied; better to be Socrates dissatisfied than a fool satisfied." John Stuart Mill, *Utilitarianism* (Indianapolis: Hackett, 2001), 10.

甚至支配一切的世界，極有可能成為現實，説不定短至一百年內便實現；到時我們的後代便會大多數人過著行屍走肉的生活，在生老病死之間，只是吃喝玩樂拉撒睡，也許自覺十分滿足，卻是枉而為人了。

你剛才提到尼采的精英主義，不管這是否真的是他的看法，「精英主義」令我想到了另外一點，就是在人工智能安排甚至支配一切的世界裏，人類可能再沒有精英了；不是政治和經濟上已經人人平等，而是以前能夠產生精英的那個階層再產生不了精英，因為這個階層的人都由於人工智能在生活上的全面介入而同一化了，人人過著大同小異的生活，沒有殊別的價值與追求，沒有與眾不同的叛逆人物，類似齊克果 (Søren Kierkegaard) 所説的 "leveling"。[23] 至於其他階層，則因為政治和經濟因素而產生不了精英。人類文化是依靠每一個時代的精英推進的，假如精英消失了，人類文化的進步便會緩慢下來，甚至停滯不前。

劉　我經常感到讀哲學的人容易有種偏見，過份重視某些抽象或反省性思維的價值。怎樣才算未經審視或反省的人生呢？我相信絕大部份人或多或少都思考過人生問題，在成長階段會考慮將來應該過怎樣的生活；但對蘇格拉底而言，這些零碎或實務的思想應該還未足夠，否則沒有多少人在他眼中會枉而為人了。蘇格拉底大概期望更認真、更深入的思考，從人之為人的本質去思考人生意義，從公義或道德的角度審視理想的生活等。這種反省當然非常有價值，但沒有它也不會令人配不上為人吧。人生有很多種價

23　Søren Kierkegaard, *The Present Age*, trans. Alexander Dru (New York: HarperCollins, 2010), 23–24.

值，精神生活只是其中之一；反省性思維更只是眾多精神活動的一種，沒有反省也不等如行屍走肉。

試想一個成長於南美洲貧民窟的街童，沒有機會接受教育，每天都在街上踢足球；他很有天賦而且樂在其中，足球讓他遠離毒品、暴力和罪案。他後來得到歐洲大球會的垂青，自己的生活大幅改善之餘，還讓家人脫貧，甚至成為國際知名的球星。他的精神生活可以很貧乏，但仍擁有豐盛的人生，甚至是很多人的偶像或模範。

我相信你也會認同這個人的人生是有價值的。不過，你這認同可能是由於他是個精英，而且是經過艱難的歷練脫穎而出的。我懷疑人工智能令你最擔心的是會令精英消失，令那個刻苦的足球小將失去磨鍊的動力，淪為安逸的庸才。然而，我恐怕其實大部份人無論如何都是貪圖安逸的庸才，生活和成長的挑戰並不會推動多少人去反省人生，反而是留下傷痕和痛楚。若人工智能可令這些人的人生變得舒適，我認為是一件好事。

問題是，人工智能會否把原本能成為精英或偉人的人也弄得平庸呢？我認為未必。要成為精英都要有一定的天賦，而且能享受有關活動，樂在其中，甚至有種偏執 (obsession)，否則難以成才。人工智能要能令人舒適，自然也要了解每個人的喜好、傾向和能力，因此也必能識別天賦；而人工智能絕對有可能以更有效率的方法培育人才，甚至發掘出一些本來難以被發現的才能，例如發現某個在沙漠長大的孩子原來是個滑雪天才。人工智能所消除的可能只是不必要的掙扎和磨鍊，讓人避免走冤枉路，助人或替人作更合適的選擇。這樣並不會剝奪人才的發展機會，不會把所有人變成一模一樣，也不會令偉人的成就變得較沒有價值。

人工智能還可能配合遺傳基因工程，在將來生產出更多擁有各種精英基因的人類，甚至是有超人能力的人機合體 (cyborg)；或許將來的「人類」都變成我們今天難以想像的模樣，但這種變化今天還很難預測。我明白我討論的是最佳情況 (best case scenario)——假設人工智能單純地服務我們，改善我們的生活。當然，人工智能絕對有可能被誤用或惡意操控，成為政權或大財團監控我們的工具，滲透到我們生活的每個環節，侵害我們的自由，這也許是最迫在眉睫的威脅！

王　其實我引用蘇格拉底那句名言，重點是 "unworthy of a human being" 這個概念。我的意思不是：要像蘇格拉底或其他哲學家那樣反省人生，才可以過配得上人類——worthy of a human being——的生活。行屍走肉的生活是配不上人類的，但怎樣過活才不是行屍走肉，才有意思，甚至是活得精彩？我不認為有人人皆宜 (one-size-fits-all) 的答案。我只是擔憂人工智能的繼續發展會令將來大部份的人過行屍走肉的生活。

對，你是從最佳情況去想像，而我擔憂的可以說是最差情況 (worst case scenario)。說不定將來的現實是介乎兩者之間。無論如何，人工智能對世界的改變之大將會是前所未有的，不但我們的生活方式會有重大改變，連人的身體和精神兩方面都會有重大改變；因此，如何合理地估計這些改變，值得深思，是人工智能研究者、科學家、哲學家以及任何能提供值得考慮的意見的人應該共同思考、互相討論的。到目前為止這樣的討論還是不多，希望這個情況很快會改善，有更多有識之士參與討論和提供指引。

人工智能作為政治工具

這種討論是關於將來的，但更迫切的討論應該是關於你剛才提到的問題，就是人工智能被用作政治工具。這不只是指專制政權利用人工智能技術 —— 例如人臉辨識系統 —— 來監控人民，因為即使是民主的國家，政客也可能利用人工智能技術來搜集選民的個人資料，從而影響選民的投票傾向。如果這種人工智能被用作政治工具的情況變得越來越嚴重，那肯定不是人類之福。

不過，有些人卻看得相當樂觀。他們認為人工智能技術對民主政治有好處，因為可以幫助選民更直接表達意見，令到政府的決策更能基於大量而可靠的數據，即是所謂的「數據驅動決策（data-driven policy making）」——這樣的決策方式將更能切合人民的需求，整體而言是令國家更加民主。我認為這看法過於樂觀了，不知你怎樣看？

劉　人工智能加上大數據，的確可以成為非常厲害的監控工具。我毫不懷疑所有政權，無論是專制還是民主的，甚至是任何大小財團，都有意圖運用人工智能監控人民或顧客的行為。即使我自己，作為兩女之父，也有嘗試運用軟件限制女兒使用手機和電腦的時間，監控她們的網上行為；只是「道高一尺，魔高一丈」，她們總是能破解我用的監控軟件，結果有些時候我只能訴諸最原始的方法，把她們的手機和電腦鎖在抽屜內。

當然，這些科技是雙刃刀，運用得宜，可以解決很多問題。例如面對 2019 年開始爆發的新型冠狀病毒肺炎，有些國家嘗試透過人工智能，分析手機的位置行蹤等資料，去追蹤病毒傳播途

徑，計算感染風險，從而判斷檢測和隔離的需要，以阻止疫症散播。這些科技如果運用得宜，可以大幅減少感染、患病和死亡的數目，也可避免例如全面封城等更極端的措施，減低由此而來的經濟損失和社會代價。然而，這些科技的運用無可避免犧牲個人私隱，亦可能過份限制大眾的行動自由，甚至被惡意應用來壓制人民。

最理想當然是因應情況，在效率與自由之間取得平衡。然而，所有當權者都很自然地會傾向以「增加效率」為名，加強限制，以達到監控的目的；而人民唯有透過法律、民主程序和公民社會的力量盡量制衡當權者。在這個複雜的互動中，人工智能和大數據也可能提高民主程序和公民社會的運作效率，但明顯地更容易成為當權者的工具，讓他們更全面、更準確地監控人民。尤其是當人工智能掌握足夠的資訊後，實質上是可以透視人的思想和意圖，甚至預測人的行動，以致在人民意圖組織起來反抗之前，已經「防患於未然」，瓦解一切反抗力量。

倘若人工智能對我們有充分了解，理論上還能以各種方法滲透我們的意識，在我們不知不覺間改變我們的思想，令我們滿足於被控制或勞役的狀態。上一次我們討論世界是在變好還是變壞時，雖然我基本上是肯定我們過去的進步，但我也沒有否認未來的危機。除了全球暖化所帶來的災害，我認為人類當前面對的最大威脅，就是人工智能可能成為各國政府和各大財團監控人民的工具，侵害我們的自由。

王　你最後這點我十分同意。其實，那不只是一個可能，在一些國家已成為現實，政府跟蹤人民在互聯網的瀏覽活動及通信，還跟蹤酒店住宿、火車和飛機的乘搭、甚至私人汽車的使用；現在加上

安裝附有人工智能技術的攝像頭，能輕易識別人臉，以及綜合被識別的人各種早已收集的數據，對人民的監控已經可以做到無孔不入了。正是人工智能技術的發達，才讓空前龐大的國家監控系統成為現實。

　　民主國家大概不會明目張膽監控人民，但無可否認也有這樣做，例如歐美各大城市都裝有大量人工智能攝像頭，只是民主國家對人民的監控程度遠遠不及極權國家而已。這個分別，當然是由於民主國家的政治領袖要考慮選票，不可以隨便做出大部份人民強烈不接受的事。

　　說到這裏，我們這個關於人工智能的對談應該告一段落了。既然我最後提到民主國家和極權國家的分別，不如我們下次就討論有關民主制度的各種問題吧。

劉　好的，那是個很值得討論的題目。

民主真的那麼好？

生活在民主制度裏的人，會覺得民主是理所當然的；而奮力追求民主而未得的人，當然認為民主值得追求、甚至是最好的政治制度。可是，民主的好處究竟在哪裏，卻是連很多追求民主的人都從未深入思考過的。民主制度可以選出無能無德的人來掌權，而其中的權力制衡機制則會大大降低立法和施政的效率，也可能拖慢經濟發展。還有，民主固然能保障自由，但自由可以與平等產生衝突，而平等卻也是民主社會的核心價值；因此，民主、自由與平等三者並非簡單而和諧的組合。我們應該怎樣理解民主，才可以在考慮這些棘手的問題後，仍然合理地支持和追求民主？

劉　我們上次說好了這次要討論民主制度的各種問題，對嗎？

王　沒錯，你準備好了？

劉　哈哈，我們都不是這方面的專家，只能盡力而為。

王　這是非常切身和合時的課題，雖然我們並非專研政治哲學，但應該不時都會反省這些課題。

劉　對，有時還會身體力行，參與爭取民主的運動。

民主、專制與資訊處理

王　大家似乎都假設了民主是個好東西，值得去爭取，有時還付出很大代價去爭取。我們是讀哲學的，重要的事情和信念都應該認真反省，避免人云亦云。我的意思不是民主不好，而是不應該不假思索地接受，到有人問你民主好在哪裏時，卻不懂得回答，或只能空泛地說「由人民自己作主，當然比由專制的極權政府統治好」。其實，民主制度不是只有優點沒有缺點的，要了解民主為何值得爭取，不但應該知道它的優點，還應該明白它有甚麼缺點和限制；否則，所謂爭取民主，很可能只是追求一個過度美化了的理想制度，甚至是追求一個幻象。

劉　我們認為民主是較佳的政制，通常可以舉出的理由是它更能保障人權、平等、自由等價值。當然，個別的人民與國家整體是兩個不同的層面，對人民為佳的政制，未必在國與國的競爭中是較成功的制度。可是，若我們回顧這兩個世紀的歷史，可以看到民主

不但較能保障人權、平等、自由，在國家層面也是較成功的制度。例如二十世紀下半葉支配整個國際社會的，是民主的美國和極權的蘇聯兩大陣營的冷戰，而最後以鐵幕的瓦解告終。很多人認為這代表共產主義的失敗，以及自由民主政體的勝利，這種勝利甚至被美國著名政治經濟學者福山（Francis Fukuyama）視為標誌著文明的終點或歷史的終結，他認為民主制度將成為所有國家政府的唯一制度，是政制的最後形式。[24]

王　世事當然沒有那麼簡單，今天共產和極權國家仍然存在；另一方面，不少本來是民主的國家也出現了民主倒退的跡象，例如美國，很多人崇拜擺出政治強人甚至獨裁者姿態的政客，也有很多人對選舉的公正性信心大減。

劉　對，我提到福山的看法，是希望承接上一次有關人工智能的討論。上次我曾提及歷史學家哈拉瑞，他認為人工智能和大數據可能會摧毀民主政制。[25]他指出專制和民主可被視為處理資訊以及作出決定的兩種系統，專制是中央統一處理（centralized processing），民主則是分散處理（distributed processing）。有些人總以為民主的商討或決策程序是緩慢而反覆的，因此效率較低；但其實民主讓人民有份參與決策，令應該被考慮的資訊有機會被考慮；反觀專制政府，由中央統一處理，不必經過重重的人民認可，似乎效率很高，但它的資訊處理量卻十分有限，根本未能充分照顧複雜而多變的因素。

24　Francis Fukuyama, *The End of History and the Last Man* (New York: Free Press, 1992).

25　Yuval Noah Harari, *Homo Deus: A Brief History of Tomorrow* (London: Harvill Secker, 2016), 373–378.

　　哈拉瑞認為歐美陣營在冷戰獲得勝利，就是因為分散的資訊處理比中央統一處理更靈活而有效率。問題是，人工智能和大數據將大幅提升中央統一處理系統的效率、處理量和準確度，專制政體如果能有效地利用人工智能科技，便可能在管治和決策兩方面的效率都超越民主政體。因此，假如今天出現一場新冷戰，勝利的一方可能是擁有高科技的專制政體。

民主與平等

王　慢慢來，慢慢來，民主制度在國家層面的問題，我認為應該稍後才談。你剛才說的民主更能保障人權、平等、自由等價值，這可能是追求和捍衛民主的人更根本地關心的東西，而你言下之意好像是⋯⋯民主很明顯能提供這些保障，但其實真的那麼明顯嗎？

　　人權、平等、自由三者應該分開來講，先討論平等吧。民主制度有一個特點似乎很明顯是平等的，那就是「一人一票、票票等值」；換句話說，不論賢愚善惡，不計貧富和社會地位高低，有投票權的人所投的一票，不多不少只算為一票。然而，有一個看法，認為「一人一票、票票等值」不真的是平等；讓我嘗試用我認為最有力的方法表達，然後看看你能否反駁。

　　這個看法大致是這樣的：沒有國家的稅制是所有人都交同一數額的個人入息稅，入息較高的人繳納較多的稅，而這並非不平等，因為如果稅率劃一，人人根據同一稅率交稅，那仍然是平等的。你可以說所有人都交同一數額的稅也是平等，但那是不合理的平等；根據劃一稅率繳稅，那才是合理的、真正的平等。同樣

道理，「一人一票、票票等值」是不合理的平等，甚至可以說不是真正的平等。教育程度高和政治知識豐富的人，一般來說較能做出合理的政治判斷；因此，沒有考慮投票者不同的教育程度以及對政治民生認識的深淺，而給予他們同等的一票，就好比沒有考慮納稅人入息的高低，而要求他們繳納同一數額的稅。兩者不是同樣不合理嗎？

劉　好問題！首先，幾乎沒有人會認同，不論貧富都應該繳納同一數額的稅。當然是按收入高低繳納相應比例的稅款才算合理，但我不會把這種分配方式稱為「平等」，我會稱之為「公平」；英文有 "equality" 與 "equity" 之分，前者是「平等」，後者較接近「公平」的意思。所有人繳納同一稅款是平等，但並不公平。

　　明顯地，平等的對待並不一定公平，例如對待弱勢社群，很多時候要提供某些優待或特權，才是公平和合理的。然而，這些「不平等」的對待都是以「人皆生而平等」這原則作為基礎或目標；正因為有些人由於不幸的際遇，在平等的對待下將不能充分行使或保障他們的權利，我們才給予他們適當的特權，這樣才公平，讓社會整體變得更平等。他們之所以得到優待，並非由於他們對社會有較大的貢獻，亦即並非取決於功過優劣 (merit-based)；所謂「生而平等」正含有「並非取決於功過優劣」的意思，表示我們的平等權利是天賦的，是人之所以為人所配得的，所以是人皆有之。

　　有人認為教育程度較高和政治知識較豐富的人應有較大的投票權，甚至認為交稅較多——即較富有——的人也應擁有較大的投票權。這個看法主要是一種「取決於功過優劣」的考慮，其實有違天賦平等原則。或許，我們也可以視之為一種手段，透

過給予較富有、教育程度較高和對政治民生認識較深的人較大的投票權，來令社會整體逐漸變得更平等。然而，這種制度首先要面對一系列的技術問題，包括如何量化教育程度和對政治民生的認識程度，是否應該考慮賢愚善惡、地位高低等其他條件，然後怎樣轉化為相應的票值，這些技術困難已足以拖垮這套制度構思了。

　　即使撇開這些技術困難，也不見得這種制度能促進社會平等。「人皆平等」是一種理想，「人皆自私」卻是一個事實。若給予社會上較有優勢的人較大的投票權，他們很可能會以此來鞏固自己的既有利益，而非用來保障弱勢社群、促進社會平等。況且較富有、擁有較高知識技能和社會地位的人，即使沒有額外選票，本來在社會已經擁有遠遠地較大的影響力，根本不用給予他們雙重特權。所以，我認為一人一票的民主制度的確較符合平等原則，至於其他考慮就有待我們進一步討論了。

王　你說的技術困難，是否無法解決，那要看提出的投票權分配制度是怎樣的，較簡單的制度未必會產生很多技術困難。英國哲學家穆勒在十九世紀提出的一套代議政制，除了包括當時還未實行的女性投票權，還包括了一個複數投票制度（plural voting），即每個成年公民都有一張基本選票，但擁有大學學歷或從事學術性行業的公民有更多的選票。[26]他的提議並沒有被採納，但假如被採納，實行起來未必有很多技術困難。當然，這不見得是一個完全

26　John Stuart Mill, *Considerations on Representative Government* (London: Parker, Son, & Bourn, 1861), Chapter 8.

公平的制度，但認為「一人一票、票票等值」不公平的人會認為，穆勒提議的至少是一個比較公平的制度，可以由此作為起點，然後根據實踐的經驗逐步改善，邁向更公平的制度。

　　無論如何，你的看法似乎是：「一人一票、票票等值」雖然未必公平，但較符合平等原則，而「取決於功過優劣」的投票制度則有違這原則。然而，你說的「平等原則」，指的是「人皆生而平等」，這應該只限於人人生而有之的基本權利，即所謂「人權」，例如生存、行動和言論自由、不受奴役和酷刑等權利。如果你認為平等原則應該應用到投票權上，那是否表示你認為投票權是人權的一種？

劉　穆勒提出的複數投票制度會否有某些好處，例如促進經濟發展、提高政府效率等，這是值得探討的；但若問這套制度是否平等或公平，我認為答案都是否定的。擁有大學學歷、從事學術性行業的人或其他專業人士，本來已有較大的影響力，若給他們額外的投票權，恐怕只會令社會更不平等；而且可能導致惡性循環，令強者越強、弱者越弱，甚至世代相傳。美國的種族問題不就是一個好例子嗎？白人擁有大學學歷或從事專業行業的比例較黑人高得多，若在本來眾多的優勢之上，再給予高學歷或專業人士額外的投票權，我相信種族問題只會更嚴重。美國有積極平權措施（affirmative action），在個別領域優待某些受歧視的弱勢群體，以消減社會的不平等；若要透過複數投票制度來增進社會平等，反而應該考慮給予弱勢群體更大的投票權，但這樣當然會產生其他問題。

投票權是基本人權嗎？

　　我認為基本人權必需包括政治參與權，而投票權屬於基本的政治權利；除非將來發展出新的方法，不用投票也能實現平等的政治參與，否則我認為投票權屬於基本人權。

王　根據《世界人權宣言》第21條，「人人有權直接或以自由選舉之代表參加其本國政府」，這可以用來支持「投票權屬於人權」的看法。[27] 可是，世上所有民主政體，這包括有普選 (universal suffrage) 的，都對投票權有限制，不是所有人民都有權投票。有普選的民主政體至少對投票權有年齡限制，例如美國人要到18歲才有投票權；在1971年以前，年齡限制更大，21歲或以上的人才有投票權。除了年齡限制，還會有其他限制，例如美國很多州都限制罪犯的投票權，罪犯在監獄服刑期間喪失投票權，有些州甚至不准假釋犯和緩刑犯投票。由此可見，投票權實際上並沒有被當作人權來對待。

　　其實，普選的年齡限制，跟穆勒提出的複數投票制，背後有很接近的理念：限制年齡，是由於認為未長為成人的人沒有足夠的認知能力在投票時作合理的決定；穆勒主張給予學歷或學識較高的人額外選票，是由於認為他們有較強的認知能力，在投票時作合理的決定。限制罪犯投票，也可能是出於類似的考慮——犯過罪的人很可能在心理或認知能力上出了問題，不宜讓他們投票，以免對投票結果有不良的影響。

27　英文原文：“Everyone has the right to take part in the government of his country, directly or through freely chosen representatives.”

你認為這些限制合理嗎？

劉　限制罪犯的投票權，應該不是由於認為他們在心理或認知能力上出了問題，而是一種懲罰；甚至最初可能只是一種疏忽，沒有為在囚人士安排另類的投票方法。事實上，大部份先進國家都已容許囚犯投票；香港法院也在十多年前判定了，褫奪囚犯投票權乃違反基本法和人權法。若不容許囚犯投票是基於他們的心理或認知能力，那麼服刑後也不應自動恢復他們的投票權，除非他們能證明心理或認知能力有所改善，但世上似乎沒有這種安排。

　　我認為平等的投票權是基本人權。人權在一些情況下可以有限制，但限制應越少越好，並且要有充分理由和需要。年齡是一種限制，嬰兒沒有投票能力，兒童的心智未成熟，所以沒有投票權和其他法律責任也是合理的。雖然成熟與否並非截然二分，但運作上總得劃一條界線。現時很多國家都以18歲為限，有些到21歲才給予投票權；但我認為應該把合法投票年齡至少降至16歲，因為在不少地方16歲已經可以合法結婚生子，沒有理由不給予投票權。

　　我還有一個天馬行空的想法，我認為嬰兒和兒童也應擁有投票權，這樣就真的是一人一票了！不過，未成年者的投票權由監護人來行使，所以父母因應子女的數目有額外的票數。我認為在現時的制度下，一個人和一個有兩名年幼子女的單親母親或父親，同樣只有一票是不公平的。政府有任何政策，一般而言，前者是一個人受影響，後者受影響的是三個人，所以這三人家庭的權益可以說是沒有足夠代表 (underrepresented)。可惜這個想法有不能解決的困難，就是沒有完善的方法決定誰可代未成年者投票。剛才單親母親的例子比較簡單，但若是一對夫婦就已經難以

決定由誰來代投票了，因為兩夫妻的政治立場可以差別很大；至
於其他情況，例如沒有父母的兒童，當然更加複雜，所以這個想
法難以實施。

你好像十分擔心，無知的人也有同等投票權會對社會整體不
利。是近年歐美的民粹主義（populism）嚇怕了你嗎？[28]

令民主政制合理地運作

王　近年歐美的民粹主義浪潮確實令人擔憂，而民粹主義與民主制度
的關係複雜，也是值得討論的問題，但我剛才所說的，與此無
關。其實我不過是盡力嘗試從反對「一人一票、票票等值」者的
角度思考，看看可不可以整理出較為有力的反對理由。我認為要
說明民主的好處，我們不得不先了解這些反對的理由，而且能夠
提出有力的回應。

這裏有兩個難以協調的考慮，而兩個考慮看來都有道理。第
一個考慮是「人人平等」的要求：如果投票權是人權，那麼你和
我既然同樣是人，就不但應該同樣有投票權，還應該有相同的投
票權。第二個考慮是民主政制的合理運作：如果決策人的選舉和
一些政策的決定都取決於「一人一票、票票等值」，那麼，只要投
票者有一定數量的無知之輩及容易受愚弄的人，便很容易選出不

28　「民粹主義」是相當含糊的政治概念。大抵而言，民粹主義以「人民」與「精英」
　　相對；本來精英也是人民，但民粹主義說的「人民」只是指精英以外的一般民
　　眾，主張「人民」反對精英統治。民粹主義本身不見得是顯然錯誤的，但它往
　　往與極端的本土主義、民族主義或種族主義結合，成為一種有反民主傾向的
　　意識形態。

像樣的決策人，或投票同意採用一些壞處遠多於好處的政策，因而對人民和國家都有害。哲學史上最有名的例子，當然就是蘇格拉底經民主投票的方式被判死刑；雖然古希臘雅典的民主制度跟現代的有很大分別，是直接民主制而不是代議民主制，而且不是所有公民都有投票權；然而，即使當時採用的是「一人一票、票票等值」，蘇格拉底很可能仍然會被判死刑。

柏拉圖（Plato）反對民主，不只是由於他的老師蘇格拉底死於民主之下，還因為他十分著重我所指的第二個考慮：他認為大多數人是無知的，或至少在判別政治才能高低和政策好壞上是無知的，因此不應由人民投票來決定決策人和政策。[29] 穆勒支持民主制度，但他也同樣著重第二個考慮，明白到「一人一票、票票等值」的弊端，所以才提出複數投票制度來加以平衡。難道你認為第二個考慮——民主政制的合理運作——不重要嗎？

劉　現代的民主政制已經內在化了很多平衡機制，與古希臘的直接民主分別甚大。若每項政策皆由人民一人一票直接決定，我是認同你的擔心的。然而，現代的代議政制，除了特殊情況的公投權外，投票只是選代理人，不是直接選政策；而且整個擁有權力的機關中，直接透過選票來授權的職位只是少數，例如沒有國家的法官是一人一票選出來的。主導權力機關的往往還是專業人士，我認為這已充分平衡了一般人可能不合理的意願。

29　Plato, *Republic*, trans. Robin Waterfield (Oxford: Oxford University Press, 1994), 208–209 (488a–e).

　　還有，要判別政策好壞當然十分複雜，但政治判斷能力之高低不一定與學歷掛勾。正如要預測股市升跌也十分困難，牽涉很多政經因素；雖然我學歷比一般人高，而且數學也不差，但自問投資能力很有限，不會比隨便一個維園阿伯或牛頭角順嫂為高。這方面，偉雄兄你好像也跟我不相伯仲？

王　你是說投資股票？哈哈，我當然不是和你不相伯仲，因為在這方面我可以說是白痴，也許任何人都會勝過我。我指的是我對股票和投資完全沒有認識，可是，假如我決定去學習，以我的教育程度，應該很快掌握其中的基本知識。當然，就算我掌握了這些知識，也不一定投資成功，否則致富便是太容易了；但另一方面，得到這些知識後，加上我的批判思考訓練，我至少不會像一些愚夫愚婦那樣——你說的那些維園阿伯或牛頭角順嫂——輕易誤信謠言或受甚麼投資顧問的哄騙，盲目投資，結果損失慘重。

　　民主制度的情況類似：教育程度高的人未必能做出較好的政治判斷，尤其是關於具體政策的判斷，但他們應該比愚夫愚婦有較豐富的政治知識，也較不容易被政客愚弄。如果我說一個民主社會裏，教育程度高的人越多，對這個社會的民主運作越有利；反之，文盲或教育程度很低的人越多，對這個社會的民主運作便越不利；你會反對這個說法嗎？

劉　這點沒有異議。

王　好，那麼，如果我說，在同一個民主社會裏，假設人民的投票率不變，讓教育程度高的人有較多選票，這個做法的效果，好比有較多教育程度高的人投票；這說法你是否也贊同？

劉　這點就有異議啊！權力的不平等本身就可導致社會不穩，況且個
　　人和個別群體的利益有別於社會整體的利益。所謂教育程度高的
　　人大體上較懂得做政治判斷，意思不外是他們較懂得判斷哪些政
　　策較能促進自己以及自己所屬群體的權益。若一人一票而社會整
　　體教育程度高，則這個社會較能保障大眾的權益；但若只有一部
　　份人教育程度高、給予這些人較多票數，這個制度便是向他們的
　　權益傾斜。若我是從政者，而我知道有些人擁有較多票數，我自
　　然會討好他們；即使犧牲大眾的福祉，只要得到這些特權階級的
　　支持，我還是能繼續當選。這樣的情況非社會整體之福。

民主制度可以選出糟糕的人

王　對，無論是甚麼政治制度，大多數人都是首先爭取個人利益，然
　　後是自己所屬群體的利益，較少人會將社會整體利益看為最重
　　要；至於願意犧牲小我、完成大我的人，更是少之又少了。因
　　此，給予教育程度較高的人較多票數，的確很可能會出現你說的
　　權益傾斜情況。其實，假如民主只是簡單的「少數服從多數」，
　　亦會引致少數群體 (minority groups) 的權益被忽略、甚至被壓
　　制。正是基於這個考慮，現代民主制度都受憲法限制，而憲法必
　　有保障少數群體權益的條文。

　　　　然而，另一方面，無可否認的是，一人一票選舉的結果很多
　　時候會將政治權力交給糟糕的人。雖然如你所言，很多政府要職
　　不是選舉決定而是委任或招聘的，所以可以由專業人士擔任；可
　　是，民主國家的元首都是選舉產生的，絕大多數連地方政府首

長，例如州長，以及立法機關成員，例如國會議員，也都是民選
的。因此，選出無能或在其他方面不適當的人來行使政治權力，
那壞影響可以很廣泛和深刻，難以被民主制度內的機制平衡或抵
消。不要忘記，希特拉（Adolf Hitler）也是透過民主選舉登上權力
高峰、然後推翻民主的；現在先進民主國家的制度比當年的德國
完善，應該不會出現第二個希特拉，但美國畢竟還是曾經選出了
特朗普（Donald Trump）這樣無德無才的總統，難免令一些人對民
主制度的信心減弱。

劉　特朗普根本就是個大混蛋，而他竟然能成為世上權力最大的人
達四年之久，可說是民主制度的諷刺！可是，其他制度是否較
能避免這種大混蛋當政？專制政權的運作或許不利特朗普這類
譁眾取寵的政客，但卻造就了很多邪惡的野心家。即使是採用
你曾提及的、按知識和能力調節票值的選舉制度，也不見得較
能避免邪惡領袖當政；事實上，當年希特拉在德國是得到不少
「有識之士」支持的，支持者還包括著名的哲學家海德格（Martin
Heidegger）呢！

　　民主制度可以選出大壞蛋，其他制度也不見得不會，而且
大壞蛋一旦在其他制度獲得權力，就可能永遠不放手，變成終
身專政。民主制度至少較能避免這種情況，選民結果不讓特朗
普連任；即使他沒有敗選、反而連任，在美國的制度最多也只
是連任一屆，不可能終身執政，也不可能傳位給女兒伊凡卡
（Ivanka Trump）或女婿庫什納（Jared Kushner）。況且民主制度有
較強力的制衡機制，特朗普當總統時受很多成文和不成文的規
條所限制，不能為所欲為。還是邱吉爾（Winston Churchill）說得

好：「民主是最糟糕的政體，除了所有我們不時試用過的其他政
體。」[30]

王　是的，民主制度對當權者的權力制衡機制確實是它的一大優點；
　　除了你說的任期限制和各種成文和不成文的規條，還有極其重要
　　的立法、行政、司法三權分立，也是現代民主制度用來制衡當權
　　者的必要手段。美國總統權力再大，也不過主要是行政權而已。
　　你引的邱吉爾那句說話很有名，也很有道理；不過，我最近在讀
　　劍橋大學政治學教授 David Runciman 的 *How Democracy Ends*，是
　　十分有見地的書，他在書中有一句說話是建基於邱吉爾這句名
　　言，但我認為更能道出民主制度比其他政治制度優勝之處：「與
　　其將民主理解為政治形式之中最沒有壞透的，我們不妨將民主理
　　解為它在最不濟的時候是表現得最好的。」[31]民主制度即使運作
　　得再差，只要仍然實質上是民主，有憲法保障，有普選，有權力
　　制衡機制，那麼，人民仍然享有「一人一票、票票等值」的平等、
　　言論自由、行動自由等基本人權，而權力接替也是和平的，整體
　　而言這是最有穩定性的政治制度。

30　"Many forms of Government have been tried, and will be tried in this world of sin
　　and woe. No one pretends that democracy is perfect or all-wise. Indeed, it has been
　　said that democracy is the worst form of Government except all those other forms
　　that have been tried from time to time." 這段名言來自邱吉爾1947年11月11日
　　在英國下議院 (House of Commons) 的演說，https://api.parliament.uk/historic-
　　hansard/commons/1947/nov/11/parliament-bill, accessed August 24, 2021。

31　"Rather than thinking of democracy as the least worst form of politics, we could
　　think of it as the best when at its worst." David Runciman, *How Democracy Ends* (New
　　York: Basic Books, 2018), 187.

民主制度與經濟發展

　　然而，民主制度的這些優點都是長遠而言的，而且在先進和富裕的國家才容易落實。在一些不實行民主制度的發展中國家，不少人認為經濟發展最重要，而由於民主制度在決策上的效率是明顯地低的，因此不適合這些國家。換句話說，民主制度並不是放諸四海皆準。這個看法還有一句口號呢，就是「民主不能當飯吃」。

劉　難道其他制度可以當飯吃麼？有飽飯吃的地方大部份都是民主國家啊，看看南韓與北韓差別之大，不是很清楚嗎？放眼世界，沒有民主而經濟能發展得好的例子少之又少；有些產油國得益於天然資源而變得富裕，但不見得是一種可持續的發展模式。民主制度好像效率較低，但正如我曾提及的哈拉瑞的說法，民主制度讓人民有份參與決策，容許資訊分散處理，最終反而更靈活。要能保障人權與自由，讓個人有發揮空間、各展所長，才能促進經濟發展。

王　你說的這些好處，都是長遠而言。貧窮落後的國家，如果本來不是民主的，立即轉為民主是否對經濟發展有利，那就不好說了，甚至在學者之間也有爭議。例如中國過去三十年的經濟極速發展，是在極權統治下實現的；有些人 —— 包括學者 —— 認為，假如中國在三十年前改行民主制度，經濟發展是沒可能那麼迅速的。持這個看法的人還可以拿新加坡和台灣來比較：新加坡雖然不是中國那種一黨專政的國家，卻是一黨獨大，實行的不是真正的民主；台灣的民主在過去十多年已臻成熟，可是，經濟發展還是一直落後於新加坡。

劉　任何一個國家由專制過渡至民主，難免有些動盪或不穩定因素，但除此之外，我認為民主制度無論是長遠還是短期，一般都對社會較有利。你看台灣和南韓這兩個深受儒家文化影響的地方，民主化後的經濟發展都更進一步，人均GDP遠比中國大陸高。不過，我同意新加坡是個特例，它雖然有一人一票的選舉，但卻沒有政黨輪替，還有很多專權的制度。我說它是個特例，因為我傾向認為，假如新加坡立國之初沒有強人的獨裁，而實行開放式的民主，往後的經濟發展可能沒有那麼迅速。不過，即使如此，我還是寧可放棄部份經濟成就，來換取較全面的民主和自由；例如若要在新加坡與台灣之間作選擇，我毫不猶疑會選擇生活在沒有那麼富裕、但有民主自由的台灣。

　　新加坡或許真的是個例外，沒有民主反而有助經濟發展，但相比起沒有民主而產生如大饑荒等的潛在災難，[32] 專制政權所帶來的潛在好處又是否值得呢？我認為答案是顯然易見的。況且經濟心理學的研究發現，一般人都有規避損失 (loss aversion) 的傾向，寧願選擇穩定而收益較低的投資，也不要收益較高、但可能損失大得多的高風險賭局。[33] 若我們認真考慮沒有民主的可能損失有多大，我相信很少人會願意押注在專制政權，除非那人剛好就是少數擁有權力的既得利益者。

32　諾貝爾經濟學獎得主阿馬蒂亞·森 (Amartya Sen) 的研究指出，沒有民主政制的地方才會發生大饑荒；見 Amartya Sen, *Poverty and Famines: An Essay on Entitlement and Deprivation* (Oxford: Oxford University Press, 1983)。

33　Daniel Kahneman, *Thinking, Fast and Slow* (New York: Farrar, Straus and Giroux, 2011), 278–288.

王 假如我只能在台灣和新加坡之間選擇一個地方定居，我也毫無疑問會去台灣，而理由和你的一樣。可是，我相信中國不少國民——主要是在大城市裏富裕的那一群——會心甘情願留在中國，也不願意在他們眼中「落後」的台灣生活。對你和我來說，享有民主自由，比起豐盛的物質生活來得重要；但對於這些中國人來說，剛好是相反，只要能繼續賺大錢、擁有豪宅名車、吃佳餚喝美酒，也就夠了。

就算撇開你的懷疑，假定極權統治有利一個國家迅速發展經濟，這些把財富和物質享受看得比民主自由重要的人，其實是目光短淺。在極權統治下，無論你現況如何，是高官也好，是富豪也好，是小康之家也好，是僅足糊口也好，你之所有，無論多少，都可以在統治者一聲令下，頓然喪失。你的生命跟生活方式毫無保障，你不能由於你現在能如此這般，便有理由相信明天你仍然能如此這般。因此，民主自由與物質財富之間的取捨，其實是個虛假兩難（false dilemma）。一方面，民主自由與物質財富並無牴觸，在民主國家也可以得到財富和物質享受；另一方面，在極權統治下，就算你已經擁有巨大財富，那也可以說不是真正屬於你的，因為政府可以隨時用各種手段奪去。

民主與自由

討論到這裏，好像民主明顯比極權可取，也沒有其他制度比民主優勝。然而，我認為要說明民主的好處，單是這樣比較是不足夠的，還應該正面解釋這個制度最重要的優點。我們剛才都用了好幾次「民主自由」這個詞組，自由可貴，這應該是不證自明

的，但民主和自由的關係，我們是不是應該弄清楚？民主與自由是一事之兩面嗎？抑或民主制度可以確保人民享有各種基本的自由？但這兩個說法都不是不證自明的啊！

劉 說得好！民主制度更加能保障人權和自由，是因為這制度最終是以人民為本——國家本來就應為人民的福祉而存在。林肯（Abraham Lincoln）把民主的精髓總結為 "government of the people, by the people, for the people"，[34] 而孫中山把它翻譯為「民有、民治、民享」，同樣精妙。[35] 反觀專制政權根本不是以民為本，即使管治效率有時較高，最終得益的往往不是一般民眾。

　　民主與自由經常放在一起，但並非同一回事。大致上，民主是工具或手段，自由才是目標。國家是為人民的福祉而存在，而自由是最核心的福祉，民主就是保障這種福祉的最可靠制度。不過，自由也有所謂消極與積極之別：消極自由（negative freedom）較接近日常用法，代表不受操控和干預，而積極自由（positive freedom）是指自我支配和實踐。英文的 "freedom" 較著重消極一面，要表達「積極自由」，英文有時用 "autonomy" 一字，但中文的「自由」一詞字義上已經是「自我支配」的意思了。若我們的目標只

34　這句名言來自林肯1863年11月19日的《蓋茲堡演說》（*Gettysburg Address*）。

35　根據李敖〈孫中山與林肯名言〉，孫中山以「民有、民治、民享」翻譯 "of the people, by the people, for the people"，最早見於 1921 年 6 月的演說《三民主義之具體辦法》：「兄弟所主張底三民主義，實在是集合古今中外底學說，順應世界底潮流，在政治上所得的一個結晶品。這個結晶的意思，和美國大總統林肯所說底：of the people，by the people，and for the people 的話是相通的。這句話的中文意思，沒有適當的譯文，兄弟就把它譯作：民有、民治、民享。of the people 就是民有，by the people 就是民治，for the people 就是民享。」〈孫中山與林肯名言〉一文收進了李敖《孫中山研究》（中國友誼出版公司，2010）。

是消極自由，民主不外是達成這目標的工具；但若我們追求積極自由，則民主便不只是工具，而是這種自由的組成部份。沒有人是孤島，我們都活在群體之中，所以達到自我支配和實踐，我們不能孤立地為所欲為；必須要有民主的方法在群體中反映個人的意志，讓人共同協商，才能協調眾人的意願，達成群體的共識。

王　消極自由的保障，主要是透過訂立憲法和有關的法律，而民主社會都有這種保障，例如言論自由就是非常明顯的例子。極權政府為了控制人民，從而鞏固權力，通常都對消極自由有諸多限制，人民往往連言論自由也沒有。積極自由一般而言要以消極自由為前提，換句話說，如果連消極自由也沒有，便很難實踐積極自由了。因此，在極權國家，人民的積極自由也同樣受到極大限制，雖然這樣的限制未必有消極自由的限制那麼明顯。讓我舉一個例子說明積極自由的限制：前蘇聯著名作曲家蕭斯達高維契（Dmitri Shostakovich）的音樂風格與政府的文藝政策不符，受到譴責；為了繼續創作而不致受政府迫害，他只好採用了折衷的風格，雖然仍然創作出受到世界好評的樂曲，但假如沒有極權政府的干預，他可以在創作時隨心所欲表達自我，實踐他那些天馬行空的音樂意念，他的作品風貌定必不同。

自由與平等的衝突

可是，這裏有一個棘手的根本難題。民主能保障自由，包括消極自由和積極自由，但這與民主制度的另一基本價值可能形成衝突。這個基本價值，就是我們開始時討論的平等。簡單地

講，現代的民主制度大抵上都是在資本主義與自由市場經濟中實施的；民主制度在這樣的經濟制度裏給予人民自由，結果毫無例外是人民在財富上不平等，甚至是貧富懸殊，而財富上不平等又會引致政治權力上的不平等，因為有錢的人可以用金錢影響政府的政策。這樣看來，平等和自由這兩個基本價值在民主制度裏不容易並存。

劉　是的，雖然我們經常把自由與平等放在一起，但這兩種價值其實會互相衝突。尤其在經濟政策上，追求平等的人期望政府透過稅收等方法重新分配財富，減輕貧富懸殊，但這等於限制人運用自己財產的自由，甚至可以被視為侵吞私有財產。較強調社會平等的一般被稱為「左派」，較重視個體自由的則是「右派」。西方民主國家的選舉經常就是這兩大派別的角力，時左時右，輪替執政。然而，這種價值的衝突其實更顯民主的必要；若沒有民主程序，社會又有甚麼方法可決定或更改整體的價值取向呢？

　　民主制度是必須的，但一人一票的選舉並不足夠，因為還有很多政治權力上的不平等，不能單靠一人一票來消除，怎樣完善民主制度才是真正的難題。

王　既然自由與平等在民主制度下有衝突，那麼便有「兩者哪一個更重要？」的問題。如果要你取捨，你寧願多一點自由、但少一點平等，還是多一點平等、但少一點自由呢？

劉　真的很難一概而論啊！大致上，我較崇尚北歐式的福利社會，讓所有人享有充分的教育、醫療、失業和退休保障等，我甚至傾向支持全民基本收入 (universal basic income)；但我又討厭臃腫的政府架構，不希望政府有過大權力。在經濟政策上，我應該屬於左

傾，但政治權力上，我是個自由主義者，認為越少限制越好。不過，我知道這些問題十分複雜，我的想法也有內在張力，甚至有時搖擺不定。

王　這些問題當然是非常複雜，因為民主制度不是在某一時間由某一人或一群人精心設計出來的完美政治制度，而是由一些人的政治理念開始，經過很長時間在不同地方的實踐而逐漸改良，發展成為現代不同形式的代議民主制；但仍然遠非完美，其中始終有難以協調的元素。然而，民主制度容許人民對這個制度提出討論和建議，即使永遠也無法完全協調其中的元素，民主制度的彈性和包容性可以令它在這個情況下保持穩定。這不只是理論上說，而是事實；只要看看歐美各民主國家都有左右派之爭，但政治、社會、經濟各方面的運作都能經常保持穩定，便知道確實是這樣。

　　至於我個人對自由與平等的衡量，我是比較看重自由的。關於平等，有一點是民主制度的基本精神所在：在民主社會，每個人都得到作為一個人應受到的最起碼的尊重，這體現在「一人一票、票票等值」；在投票時，每個投票的人都是受到平等對待 (being treated equally)。此外，民主不能缺少法治，而「法律之下人人平等」也是民主基本精神的體現。這是最根本的平等。然而，社會上有貧富之別、有些人有較大的政治權力、不是人人都得到同等的教育或上進的機會等等，這些不平等是無可避免的，民主社會也不例外。你曾經指出過平等和公平的分別，這很重要，因為不平等不一定不公平，而民主制度的政府有責任制定政策令存在的不平等盡量變得公平。

　　自由與平等難兼顧，但自由與公平沒有必然的衝突。因此，我理想中的民主社會一方面給予人民最大程度的自由，另一方面

雖然不能消除所有不平等，但在制定政策時達致最大的公平。當然，這只是理想，而現實與理想往往有很大距離。但既然有這個理想，那麼，捍衛民主的人便可以視爭取接近這個理想為一個重要目標。

劉　你說的我都同意。談到這裏，或許可以回到我剛開始時提及的哈拉瑞的想法，就是人工智能和大數據的出現，可能大幅改變政治制度之間的角力。我算頗關心時事，但有些時候要判斷政策之優劣，也感到吃力。若有人工智能系統可以代勞，其實很吸引，只是我當然知道這是十分危險的事情。你又怎樣看這些問題？

王　這方面我比較悲觀。正如你所說，人工智能和大數據可以大幅提升中央統一處理系統的效率、處理量和準確度，這會令極權政府更加容易監控和愚弄人民；至於民主政府，也很可能因為這些高科技提供的方便，會加強對人民的監控，而政客在競選時也會利用這些科技去愚弄選民以爭取選票。因此，我認為人工智能和大數據的出現，不但不會大幅改變政治制度之間的角力，反而會令民主制度受到傷害，世界整體變得更加極權。不過，這些可以說只是我的猜測，將來如何實難逆料。

　　已討論了很久，我們下次再談吧。

劉　好的，期待跟你詳談另一個題目。

為甚麼要做好人？

我們從小接受道德教育，有些道德觀念早已內在化；大體而言，我們都會不假思索地同意「做好人是應該的」和「做壞人是不應該的」。然而，這些觀念並非不證自明。怎樣才算好人？怎樣才算壞人？「應該做好人」的「應該」是甚麼意思？這些問題都沒有簡單的答案。我們行事有各種理由，而這些理由不一定是道德理由；當道德理由與非道德理由有衝突時，我們是否一定要依從道德理由？假如有一個壞事做盡的人是經過全面而深入的理性思考才做那些壞事，我們會判斷他的行為在道德上是錯誤的；但這個判斷他早已考慮過了，我們還可以用甚麼理由來説服他應該做好人？

王　「為甚麼要做好人？」這個問題，我想了好幾次也決定不了該怎樣開始討論。這不是由於我沒有任何看法或對有關的哲學討論認識不夠，我有看法，也讀過不少討論這個問題的哲學著述；我遲疑，是因為我可以預見好幾個進路 (approaches) 都很容易導向一個負面的結論，即無法說明我們有甚麼理由要做好人。但我希望的是，我們的討論能對這個問題給予一個正面的答案。然而，我也禁不住問自己，為甚麼我有這樣的希望？

　　我有這樣的希望，應該是因為我認為人人都是好人 —— 或大多數人都是好人 —— 的世界，是一個比現實世界美好得多的世界；可是，假如「為甚麼要做好人？」這個問題沒有正面的答案，這個我心目中更美好的世界便沒有實現的理性基礎，而只能是我一廂情願的妄想。

　　不如這樣吧，我們由分析一些基本概念開始，這樣較沒有導向性。就先談一下題目裏的「好人」這個概念。你怎樣理解「好人」？

「好人」和「壞人」該怎樣理解？

劉　好人最基本的要求是不可以太自私，如果凡事都以私利為先，雖然未至於一定是個壞人，但肯定好人有限。好人一般會為他人著想、善良而富同情心、行事正直、大公無私。好人不一定懂得抽象的道德分析，但行事大都符合道德要求。

　　有一點我認為是頗有趣的，「好人」當然是一個褒詞，但「太好人」通常是帶有貶義的，不單有「傻」和「戇居」的意思，甚至暗示對道德原則的誤解。例如有人只重公益，完全不求私利，不把

自己家人的利益放在外人之上；這種徹底的大公無私，好像是道德的極至，但又太過不近人情。

太好人或完全大公無私會否反而有違道德呢？這個問題可能十分重要，因為假若沒有太好人這回事，即道德律要求我們完全大公無私，那麼好人的標準就非常高，真的是「好人難做」了。若理想中的好人根本無需完全大公無私，那麼要做好人就容易得多，「為甚麼要做好人？」也較容易回答。

王　的確有「太好人」這回事，也有所謂「好心做壞事」。我認為兩者都是良好動機的誤差，「太好人」是良好動機的推動力太強，善行做得過了頭，變成害了自己和親人；「好心做壞事」則是良好動機錯置，未能配合對事實的掌握或正確的是非判斷，結果是害了人。其實「太好人」仍然是好人，而「好心做壞事」的人雖然做了壞事，但不會因此被認為是壞人。一般人說的「好人」，不是「太好人」那種，但可能偶爾「好心做壞事」。

「好心做壞事」這個現象帶出一點，就是我們判斷一個人是否好人，著重的是他（或她）的內心，即他的品德、性情和行為動機等，而不只是看他的行為。偽君子便不是好人，因為他的善行不是出自良好動機。同理，我們說一個人是壞人，也不只是指他的行為，還指他的內心。根據這個理解，「為甚麼要做好人？」這個問題是關於人的品質，而不只是關於人的行為。

不過，即使有「太好人」這回事，也不表示做好人很容易。如果好人必須具備各種、或至少是多種德性（virtues），至少具備到基本的程度，例如中國傳統講的仁、義、孝、信、恕等，還有誠實、勤奮、寬容、知恥等等，那麼做好人並不容易。

其實，有些人問「為甚麼要做好人？」時，意思不是「為甚麼要具備各種德性？」，而是「為甚麼不要做壞人？」，亦即是問「為甚麼不要具備各種惡性 (vices)？」。惡性包括自私自利、貪心、無恥、淫邪、經常心懷惡意、為達目的不擇手段等等。有時我們說某某是好人，意思不過是他並非壞人。如果「做好人」要求的只是不做壞人，那麼做好人並不難，而我相信在這個意義下世上好人居多。

你認為「為甚麼要做好人？」應該理解為「為甚麼要具備各種德性？」還是「為甚麼不要具備各種惡性？」，抑或你有另外的理解？

劉　我認為「好人」應該是指「具備各種德性的人」，雖然有時也會寬鬆一點，包括「不具備各種惡性的人」。或許我們可以把那些只是沒有各種惡性的人稱為「初級好人」，而把那些在很高程度上具有各種德性、近乎聖人的人稱為「超級好人」。要做初級好人不算太難，但假如生活在一個爾虞我詐、弱肉強食的社會，若不自私自利，可能也不容易生存。

追求自己和親人的利益，以及滿足自己的欲望，都是我們的本性；但做好人往往與我們的利益和欲望有所衝突，這是做好人之難。然而，我們本性之中也有做好人的傾向。大多數動物都演化出超越即時私利的行為模式和心理機制，讓個體之間可以合作，增加群體的生存優勢。有些實驗顯示猴子已有追求公平的傾向，人類的群體生活更複雜，因此演化出多種道德情感，例如同情心、惻隱心、義憤，推動我們追求大眾之福。事實上，這些道德情感有助群體的互動，長遠而言也符合我們的私利。壞人可能獲得即時的好處，但當他們惡行昭彰時，便會被朋友唾棄，被社

會排斥，甚至被法律制裁，最終得不償失。在一般情況下，做個初級好人符合我們的長遠利益，也能滿足我們的道德情感；因此，我相信大部份人都做得到初級好人。

　　然而，要做個擁有各種德性的好人就難得多了，因為它的要求比做初級好人高得多，須要我們壓抑更多個人欲望，犧牲更多眼前、甚至長遠利益。從利益角度考慮，不用做超級好人，做初級好人通常就足夠了。還有，假若我們活在一個爾虞我詐、弱肉強食的社會，壞人不一定被社會排斥，好人反而會被嘲笑，這時要做好人就嚴重違反我們的私利了，「為甚麼要做好人？」也變得很難回答。

王　對，做好人有程度之別，而我們平常說話也流露出這樣的了解，例如說某甲比某乙「更加好人」。然而，既然有初級好人與超級好人之分，應該也有初級壞人與超級壞人之分吧。人類一方面是很自利的，首先要滿足自己的欲求和盡量保證個人的福祉，但另一方面因為群居與合作的壓力，人類演化出各種道德情感和傾向。這兩者有衝突，需要達致一定程度的平衡，才有我們所知的人類社會，而這個平衡是大多數人在大多數時候都做到的。

　　在這個基本平衡中的人，即大多數人，究竟是初級好人，還是初級壞人？抑或兩者皆不是，而是不好也不壞？

劉　如果「初級好人」是指不具備各種惡性的人，則「初級壞人」應指那些不具備各種德性的人，那麼初級好人可以同時是初級壞人。不過無論是德性還是惡性，都有程度之別，在擁有與缺乏之間很難劃一條清晰的界線；但總體而言，我認為大多數人還是偏好多於偏壞的。

囚徒困境與道德演化

　　你剛才提及的基本平衡，應該是指在演化歷程中經過反覆互動的結果。博弈論 (game theory) 有很著名的囚徒困境 (prisoner's dilemma) 例子，[36] 顯示合作優先才是長遠更成功的策略。在反覆的囚犯互動中，太善良的策略會不斷吃虧，太自私的策略長遠不會得逞，反而是簡單的「以牙還牙 (tit for tat)」最成功，因此也構成基本平衡中的主流策略。[37]「以牙還牙」表面上是報復的意思，好像不是很友善的策略；但其實這個策略基本上是友善的，因為它本來是以合作為先，只有當對手不合作時，才會以牙還牙。有些情況下，更寬容的 tit for two tat 策略，亦即遭受第二次出賣時才報復，比直接的以牙還牙更成功。雖然「以牙還牙」是 "tit for tat" 的正確翻譯，但可能稱之為「投桃報李」感覺上會正面一點。

36　囚徒困境可以很複雜，這裏只說明一個簡單的例子。甲、乙兩名疑犯被捕，但警方沒有足夠證據檢控任何一人，於是分別盤問他們，並提出以下相同的選擇，但不讓他們有機會溝通商量：如果其中一人認罪，並指證另一人，而對方保持沉默，則認罪指證者會即時獲釋，沉默者會被判監三年；如果兩人都保持沉默，便會同被判監一年；如果兩人都認罪，而且互相指證，則兩人會同被判監兩年。

　　在這個情況下，對雙方最有利的做法是各自保持沉默 (合共被判監兩年)。可是，從純粹自利的角度考慮，最理智的做法卻是認罪並指證另一人：如果對方保持沉默，而我認罪並指證他，那麼我便會即時獲釋，但保持沉默則會帶給我一年的監禁；如果對方認罪並指控我，而我也認罪並指控他，那麼我會被判監兩年，但保持沉默則會帶給我三年的監禁。因此，認罪並指證對方一定對我更有利。問題是，如果甲、乙都這樣理智，結果便是最糟的 (合共被判監四年)。

37　可參考 Robert Axelrod, *The Evolution of Cooperation* (New York: Basic Books, 1984)。

　　　囚徒困境當然大幅簡化了演化歷程中的互動，願意合作也只是眾多德性其中之一，但由於人類是群居生物，我們的生存極之依賴群體合作。人類既然在演化上那麼成功，必定大都內置了合作優先的本能，因此在這個意義下，我認為大多數人還是偏好的。

王　無論是古代社會還是現代社會，人在社會中生活就必得與他人合作，而與他人合作就必得壓抑一些自私自利的傾向，而很多道德規條都是以此為基礎發展出來的。除了合作優先的本能，人還演化出你剛才提到的同情心、惻隱心、義憤等道德情感；儒家有「人性本善」的看法，也許就是基於觀察到這些道德感情的表現，例如孟子說的「今人乍見孺子將入於井，皆有怵惕惻隱之心」，[38] 就是一個典型的例子。然而，這些道德情感以及合作優先的本能是否最終引致為善的行為，還是要看情況的。要是孺子不只將入於井，還真的跌入井中，看見的人那惻隱之心仍在，但會否出手去救那孩子，則要看情況；而在同一情況，有些人會出手相救，有些人則不會。假如是在趕往一個事業攸關、極其難得的面試途中遇見孺子跌入井中，只有你一人在場，但救人便會遲到面試，你會不會停下來救人呢？如果是我，我想我是會的，但相信有些人在這個情況下會以事業為重，見死不救。

　　　這些見死不救的人在一般情況下可能是好人，肯幫助別人，或至少是初級好人，不會心生惡念主動做壞事；但我們問「為甚麼要做好人？」這個問題，通常不會是關於一般情況，例如見到陌生人失足跌倒會否扶他一把，而是涉及道德上較嚴重的取捨，

38　《孟子‧公孫丑上》。

可稱為「道德考驗」，例如拯救孺子和趕赴重要面試之間的取捨。通過道德考驗的人不但做好事，而且是出於德性而做，所以是好人；通不過道德考驗的人未必是壞人，但如果是出於惡性或由於德性不足而通不過道德考驗，便是壞人，或至少是不夠好的人。

你同意這個分析嗎？

劉　這種考驗可以視為一個指標，作為參考，但任何個別處境都有很多偶然因素，不能用一次得失來為人格下定論。無論如何，我認為行為表現是最終判準，若有人滿口仁義道德，但每當關鍵時刻都自私自利，那人只是個偽君子。

道德考驗

王　對，我們不能簡單地用道德考驗來判斷一個人是好人還是壞人。不過，我提出「道德考驗」，並不是要建議一個判別好人與壞人的準則，而是要說明在甚麼情況下「為甚麼要做好人？」會成為一個人須要面對的問題，甚至感到問題有迫切性。

大多數人在一般情況下都會認為自己是好人，或根本沒有想過自己是不是好人。處於道德考驗時，要做出道德抉擇，例如繼續趕去面試還是停下來救人，便意識到最後的決定反映自己的道德高下；對於抉擇明顯感到掙扎的人，這個意識尤其強烈，而「為甚麼要做好人？」在這個情況下表達的就是這樣的掙扎。因此，更準確的問法是「我為甚麼要做好人？」，是第一人稱單數的（first-person singular），而這個問題要求的答案是一個理由或一些理由，就是「我要做好人的理由」。

劉　你的意思是，那些道德考驗讓我們感到問題的迫切性，因此更能反映我們的真正品格？這點我有些保留。嚴峻的處境當然會迫使我們作道德抉擇，這似乎最能反映心底的真我，但我認為太迫切、太異常的處境反而不能作準，因為我們的理智可能來不及反應，甚至一瞬間被癱瘓了。例如有些人目睹交通意外，不是基於自私而不願意伸出援手，而是那個情景令他的理智短暫不能運作，以致未能即時反應，甚至一走了之；同一個人，如果有些基本的意外或危機處理訓練，就可能處理得宜了。

　　道德行為是需要實踐和練習機會的，所謂見微知著，我傾向認為日常生活的選擇更能反映一個人的操守和品格。可能你會覺得日常生活的行為大多只是習慣，不一定經過道德掙扎和反省，不用有意識地思考「我為甚麼要做好人？」；但我認為日常行為最能反映人格，無論這些行為是否經過深思熟慮或道德反省。

王　我說的道德考驗不一定是要求即時反應的那種，「迫切性」指的是問題讓人感到壓力，覺得必須作出決定，而且不能一直拖下去。讓我舉另一個例子來說明吧。想像以下的情況：你正在寫一份申請升職的報告，你的晉升機會是勉勉強強的，很沒有把握；不過，只要你填上一項虛假資料，你的晉升機會便大大提高，而且你肯定沒有人會發現這資料是假的。如果你考慮填上虛假資料，並感到內心有掙扎，這個情況對你來說便是一個道德考驗，但這個考驗並不要求你作出即時反應——你有很多時間去考慮和決定。類似的例子不難找，相信大多數人，包括你和我，都遇到過道德考驗，分別在於經驗過多少和事情嚴重到甚麼程度而已。經常遇到嚴重道德考驗的人，可說是在道德上倒霉。

　　道德考驗能反映一個人的品格，但這不是我的重點。我想指

出的是，除了愛思考和反省力特強的人，我們不會在風平浪靜的日子問「我為甚麼要做好人？」，而通常是在遇到道德考驗時，才會被刺激向這方面思考，而問這個問題。正因為是在某個特定的道德考驗下問這個問題，思考後得出的答案便會左右面對這個道德考驗時作出的決定。假如你認為自己沒有理由要做好人，你便很可能會填上虛假資料了 —— 畢竟升職是很重要的事啊！

劉　你的例子令我想起很多人報稅都不誠實，不過可能大家認為那些稅務條例根本不合理，因此沒有遵守的義務，甚至認為誠實報稅是件蠢事，做了就是「太好人」了。如果真的沒有人會發現，我相信大部份人都不會誠實報稅，也有不少會用虛假資料來增加升職機會；以通過這種道德考驗為標準，好人很可能是少數。

王　報稅不誠實如果是已經習以為常，大概不會造成一個道德考驗的情況。在我剛才舉的例子中，當事人較容易意識到自己面對一個道德抉擇，因而對他來說是道德考驗。不過，即使是習以為常的報稅不誠實，如果被別人指出行為不當，也可以立即成為道德考驗，以致被迫自問「我為甚麼要做好人？」這個問題。

　　好了，現在想像你打算做一件事，而那是明顯不道德的事，或至少是你自己認為不道德的。你有以下的理解：如果做了這件事，你就不是好人。你不必告訴我你想像的是甚麼壞事，你只須想像自己面對一個道德考驗，而你問了自己兩個問題：一、我為甚麼想做那件事？二、我為甚麼要做好人？問題二可以問得更準確：我有甚麼理由要做好人，因而不做那件不道德的事？

　　我相信問題一很容易回答，但問題二卻很難有滿意的答案。你同意嗎？

「非道德」的理由

劉　我對「好人」的標準不太高，認為做了輕微不道德的事情還可以
是個好人。我也會做些明知是不道德的事情，大多時候只是為
了貪方便、貪小便宜或避免麻煩。如果有一件事做了就不再是
好人，那應該是非常嚴重的事情，會對人帶來很大的傷害。這
樣的事情即使會帶來很大的利益，我也會盡量不去做吧；但假
如那個處境是，若我不做那件嚴重不道德的事情，會為自己或
家人帶來極大的麻煩或傷害，我可能會有所掙扎，甚至無可奈
何下為之。

王　其實我叫你想像而已，那不一定是你事實上會考慮做或做得出的
事。不過，看來要你這個好人想像自己做壞事，或只是考慮做壞
事，也不容易。這樣吧，就當考慮做壞事的人是我，而我認為剛
才的問題一最明顯的答案是「我為了自己的利益而想做那件不道
德的事」。這個「自己的利益」不一定是狹義的只指我個人的利
益，也可以是較廣義的，包括我家人的利益。

　　那麼問題二該怎麼回答呢？我首先會排除一個答案，那就是
「我有道德理由 (moral reason) 不去做那件事」，因為這不過是用
另一個方式說「那件事是道德上不容許的」，而這樣說的意思不過
是「那件事是不道德的」。「那件事是不道德的」我早已承認，亦
正是由於已承認了那是不道德的事，我才有掙扎，才感到自己面
對一個道德考驗。因此，在這個情況下我不能用所謂道德理由來
說服自己不做壞事；另一方面，我有非道德 (non-moral) 的理由
去做那件壞事，就是我可以從中得到益處。

　　還有一個說法，我認為更加值得質疑，就是「做不道德的事沒有好結果」，英文的說法是 "It does not pay to be immoral"。你怎樣看？

劉　我沒有說我是個好人啊！做壞事的確可以有壞結果，例如可能受法律制裁、被社會或朋友唾棄、遭報復或指責等，但這些惡果都沒有必然性。正所謂「殺人放火金腰帶，修橋補路無屍骸」，壞人得好報時而有之。有時大家會設想壞人即使能逃避其他惡果，至少也會受自己的良心責備，晚上應該不能安睡。我認為這是自我欺騙的阿Q精神。最容易受良心責備的是偶一為惡的好人，壞事做盡的慣犯通常反而「心安理得」，因為他們的良心早已失效。你說不是嗎？

王　對，我相信有些壞人做了壞事之後是不會感到愧疚不安的，也許是他們做慣了，已變得麻木不仁；也許是他們根本沒有所謂良心，是天生的壞人。我們不必去探究人性的善惡，因為我們討論的問題重點在於「理由」。就算我是天生的壞人，如果我經過小心思考而得出「我有理由要做好人」的結論，那麼即使我繼續去做壞事，我只是知而不行，並不影響我對那個結論的看法 —— 至少我做了壞事之後不能理直氣壯地說「我沒有理由要做好人」。

劉　對某些人而言，避免受良心責備確實是一個不做壞事的理由。對有宗教信仰的人，避免違反誡律或神的旨意，也許是更重要的理由；他們大多相信神是無所不知的，所以做壞事即使能逃避法律制裁和世人的指責，也不能避免神的審判和來生的報應，只不過有宗教信仰的人也不見得比沒有宗教信仰的人更為道德。

除了上述的理由，很多時候決定我們最終是否做一件事的，往往是很實際的理由。例如，有些人對伴侶忠貞是因為愛，有些人是因為道德或承諾，但我恐怕更多人純粹是因為沒有機會出軌，或者怕麻煩而已。

王　不錯，你說的這些大都是有現實性的理由，是一般人在實際情況會想到的，而且大多有一個共同點，就是考慮做壞事的不良後果。可是，如果一個人決定不做壞事是由於不想承受對自己不利的後果，或至少是自己不願意見到的後果，那麼他未必就是個好人。柏拉圖在《理想國》(*Republic*) 講的那個著名的蓋吉士戒指 (the Ring of Gyges) 故事，指出的就是很多人只是基於個人後果的考慮而不做壞事；假如像蓋吉士那樣有一隻能令自己隨意隱形的戒指，相信很多人都會做出一些平時不敢做的壞事。[39]

當然，現實世界並沒有蓋吉士戒指或其他神奇的能力，可以讓人輕易做了壞事而不被發覺。不過，做壞事而不被發覺仍然是可能的，有時甚至可以是接近肯定的。至於良心責備，有些人根本不會有這種心理反應，有些則可以久而久之變得麻木。餘下就只有宗教誡律規條的阻止，但對於沒有宗教信仰的人，那就不成其為理由了。

我沒有宗教信仰，假設我現在打算做一件會令我大大得益的壞事，同時假設我肯定這件壞事做了之後不會有人發覺，我可以提出甚麼理由來說服自己應該做好人，不去做那件壞事？

39　Plato, *Republic*, trans. Robin Waterfield (Oxford: Oxford University Press, 1994), 46–47 (359c–360d).

康德的道德哲學

劉　不少哲學家認為要做好人，最終、甚至唯一的理由是道德要求。
　　這種立場的佼佼者是康德（Immanuel Kant），他認為道德的本質
　　就是無條件的定言律令（categorical imperative），一切後果考慮根
　　本毫不相干，道德要求就是做好人的充分理由。[40] 如你所言，你
　　有掙扎是因為你已承認有道德理由去做好人。康德認為，要說服
　　自己不去做不會被發覺的壞事，不是在道德理由之外額外找其他
　　理由，而是學習單純因為道德而道德。所以康德理想中的道德世
　　界毋須計算後果，不需要神，甚至不需要良心，只需要理性。

王　你可能已知道我很討厭康德的道德哲學，但我不打算在這裏詳細
　　批判康德，因為這樣做會令討論變得非常複雜和抽象。然而，有
　　一點我須要澄清，是關於所謂的「道德理由」。我剛才指出，「我
　　有道德理由不去做壞事」的意思不過是「做壞事是道德上不容許
　　的」或「做壞事是不道德的」；按這個理解，「我有道德理由去做好
　　人」的意思也不過是「道德要求我做好人」。對於一個問「我為甚
　　麼要做好人？」的人，「道德要求我做好人」是他已經知道的；如
　　果他考慮做壞事而感到掙扎，那是由於他所受的教育令他了解和
　　重視「道德要求我做好人」，可是，這個了解不足以回答「我為甚
　　麼要做好人？」，因為「道德要求我做好人」並不等於「考慮所有
　　因素後，我最有理由的是做好人」。我說的「考慮所有因素」，即
　　英文的 "all things considered"。

40　Immanuel Kant, *Groundwork of the Metaphysics of Morals*, trans. Mary J. Gregor
　　(Cambridge: Cambridge University Press, 1998), 8.

　　　　舉個簡單的例子。我應承了朋友做一件事，但不是重要的事，後來發展出意想不到的情況，以致如果我實踐承諾，便會損失數百萬元。我的朋友不諒解，一定要我信守諾言，於是我要在守諾和避免重大金錢損失之間作抉擇。信守諾言是道德要求，而假設我避免金錢損失純粹是自利的；難道在這個處境裏，單單由於道德要求我守諾，我便 all things considered 有理由去做應承了朋友做的事，儘管那並不是重要的事？我相信大多數人在這個處境裏都會認為他們有理由不守承諾，認為不守承諾才是理性的決定。

劉　我也不太認同康德的道德哲學，但我絲毫沒有討厭之感。整個康德哲學都十分著重普遍的形式，輕視具體情況和偶然條件；康德的道德哲學也一樣，令你討厭的大概也是這種形式主義（formalism）。康德認為道德與其他規範，最終是形式的差異：道德規範是無條件的（unconditional），而其他規範是有條件的。[41]

　　　　例如，當你想避免損失重大金錢時，你就有一個實際理由去放棄承諾；但假如你像維根斯坦那樣，偏偏喜歡兩袖清風，不欲受家族遺產所束縛，因此希望盡快去掉大量財產，而信守那個承諾剛好可以令你損失大量金錢，那麼你反而有一個實際理由去實踐承諾。當然維根斯坦是異類，正常人不會像他那樣，但有甚麼實際理由做甚麼事情，是因人、因時、因情況而異的。然而康德指出，道德規範在形式上和這些實際考慮有根本的分別，因為道德理由本質上是無條件的；例如《聖經》的十誡要求我們應當怎

41　Kant, *Groundwork of the Metaphysics of Morals*, 27.

樣怎樣時，是沒有所謂「如果……」、「假若……」、「當……」這些條件限制的。因此，無論你是否想避免損失金錢，無論你將承受的金錢損失有多重大，你也應該信守諾言。很可能你會覺得這個看法不近人情，但康德認為道德理由壓倒一切其他理由，亦即只要有適用的道德理由，那麼無論有多少其他因素可以考慮，最終你還是應該按道德要求行事。

道德理由真的壓倒一切其他理由嗎？

王　這裏有兩個不同的論點，應該小心分開。第一個論點是道德規範是無條件的，第二個論點是道德理由壓倒一切其他理由。第一個論點至少從道德要求的形式上來看似乎是對的，即使有可議之處，我們也不必在這裏探究，因為更重要的是第二個論點，而接受第一個論點並不等於接受第二個論點。

就以我剛才舉的守諾例子來說明。道德要求我守諾，也可以說，我有道德理由守諾；但另一方面，我有利益上的考慮，「避免損失大量金錢」是我不守諾的理由，就稱這為「自利理由」吧。假如道德理由壓倒一切其他理由，在這個例子裏，道德理由便壓倒自利理由；可是，說到這裏，「道德理由壓倒一切其他理由」只不過是一個聲稱，根本沒有論證支持。

如果我基於自利理由而不守諾，而你指出我有道德理由守諾，我會說：「我知道，但我也有自利理由不守諾。這次我決定根據自利理由而行事。」假如你駁斥說：「不不不，這不行，因為道德理由壓倒一切其他理由！」我想我會翻一下白眼，簡單地反問：「我為甚麼要接受『道德理由壓倒一切其他理由』？」

劉　對，那兩個論點是不同的，但卻有密切關係。道德理由是無條件的，亦即無論如何它也是有效的；自利理由卻是有條件的，例如「避免損失大量金錢」這個理由，只有當你不想損失大量金錢時才有效。不想損失大量金錢這目的，不一定違反道德規範；但在你提及的處境，由於你不想損失大量金錢，「避免損失大量金錢」成為了你背棄承諾的理由，那麼你就有道德理由，要求自己放棄不想損失大量金錢這目的。一旦放棄了這個目的，就再沒有自利理由可與道德理由抗衡了。由於道德理由是無條件的，我們不可能透過放棄任何目的來令道德理由失效。因此，只有道德理由能取消自利或實際理由，而道德理由卻不可以被實際理由所取消。所以，考慮所有因素後，道德理由理應永遠是壓倒性的。

王　這個論證沒有足夠的說服力。就算道德理由因為是無條件的而在任何情況下都成為理由，這並不表示道德理由永遠是最強的理由，可以壓倒一切其他理由；換句話說，無條件的理由不一定是最強的理由。在我的例子裏，「避免損失大量金錢」是我的自利理由，而這個理由是有條件的，就是「我不想損失大量金錢」；你稱這個條件為「目的」，那沒錯，但這目的其實是我的意願，而一個人的意願並不是他能隨意控制、呼之則來揮之則去的。道德要求我守諾，另一個說法是我有道德理由守諾，也許我也因此有道德理由放棄「我不想損失大量金錢」這個意願，但如果我放棄不了呢？假如我放棄不了這個意願，那麼我的自利理由的條件仍在，我的自利理由並沒有被道德理由取消。在這個情況下，還是不清楚為何道德理由一定壓倒自利理由。

　　讓我稍為修改我的例子來說明道德理由不一定是最強的理由。在這個修改了的版本，如果我守諾，便會喪命。「避免喪命」

是我不守諾的自利理由，而這個理由仍然是有條件的，就是「我想繼續活下去」──假如我已無生趣，想盡快死去，「避免喪命」便不會是我的自利理由。我有道德理由守諾，也有自利理由不守諾；即使我也有道德理由放棄繼續活下去的意願，由於我沒能力放棄這意願，我的自利理由一直有效。在這情況下，為了保命而不守諾，不見得是不合理的；不，應該說是明顯合理的，因為在我的例子裏，那個諾言並非關乎甚麼重要的事。

劉　任何正常人都會像你那樣選擇，但康德的確寫過一篇短文討論類似的道德兩難。[42] 情況就是，你的朋友正在逃避一個殺手追殺，來到你家躲藏，後來殺手到來問你朋友所在，這時你應否説謊來救人呢？康德斬釘截鐵地説：「不應該！」康德的主要理據是，「不可説謊」的道德要求是無條件的，甚麼後果考慮都不相干。其實有一條著名的法律原則帶有這種思想，就是「就算天塌下來，也要讓正義得以伸張」。[43] 康德還有一個補充理據，就是後果永遠帶有偶然性；當你以為説謊可以救人時，可能偏偏因為你的謊言，那個殺手才陰差陽錯地殺了你的朋友。所以康德認為我們無論如何都不應説謊。然而，當康德自己遇到這種情況，他是否真的會不説謊呢？我就很懷疑了！我不覺得康德是個聖人，但若他透過説謊來救人，他會認為自己只是沒有做到最應該做的事情而已。

42　Immanuel Kant, "On a Supposed Right to Lie from Philanthropy," in *Practical Philosophy*, trans. Mary J. Gregor (Cambridge: Cambridge University Press, 1996), 611–615.

43　原文是拉丁文 "Fiat justitia ruat caelum"，英文翻譯為 "Let justice be done though the heavens fall"。

王　我記得這個例子，還記得第一次看到這例子時，十分反感，覺得康德的説法離譜，完全不近人情。不過，這只是我的情緒反應，重要的是，如果情況發生在我身上，我肯定會為了救朋友的性命而説謊，並會認為自己做了最合理的事。假如我為了嚴格遵守所謂的道德律令而引致朋友慘死，那便是頭腦沒有彈性，盲守規條；要是我看重的其實是保持自己那「道德的人」的神聖身份，那就更加要不得，骨子裏為的只是自己。

　　無論如何，康德這個例子很明顯只能用來説明他的看法，不能證明道德理由一定壓倒自利理由，或道德理由一定是最強的理由。

有沒有更根本的原則？

劉　問題是，倘若道德理由並非壓倒性的，我們有沒有更根本的原則來衡量不同理由的優次呢？若沒有，我們就面對一個難題：無論我最終選擇了甚麼罪大惡極的行動，這選擇都反映我有意無意地把某些理由視為更優先和重要。在這個意義下，凡是我最終選擇了的行動，就等於是我考慮所有因素後，心底裏覺得最有理由去做的事情。然而，我們通常會認為最終選擇了的行動，不一定就是最有理由去做的事情；我們可能是由於意志軟弱，或是基於無知和誤解，才作了那個最終選擇，沒有選擇去做最有理由、或至少是更有理由的事情。可是，若沒有後設的規範性原則來為不同的理由排序，怎可能判別最終的選擇是不是最有理由的呢？

王　我不相信有這樣的根本原則。甚麼事情是最有理由做的，要看實際的情況和所涉及的有血有肉的人；也許有時是道德理由最強，但不見得自利理由在任何情況下都被道德理由壓倒，總之是不能一概而論。當然，即使判斷了哪個行動最合理，這判斷也可以是錯的；而即使是判斷正確，也可以由於各種因素而沒有去做。此外，有些情況可能極其複雜，以致對於「哪個行動最合理？」這個問題，並沒有一個正確的答案。

　　這些實際的困難，無論是好人還是壞人都要面對。回到「為甚麼要做好人？」的問題，設想一個人在一個具體的情況裏，判斷某個自利理由是最強的理由，並據之以行動，做出害人的事來。你當然可以說他做的是壞事或不道德的事，這點他大概無法否認；可是，如果你指責他做的事不合理，或說他的害人行為是不理性的，他應該不會同意，因為那件壞事是他深思熟慮、權衡利害後才決定做的。

劉　我想弄清楚你的立場。你不認為道德理由是壓倒性的，所以有人可以經過深思熟慮後，選擇自利的行動，並視之為最有理由做的事情。然而，你認為這個判斷可以是對的，但也可以是錯，亦即客觀上有最有理由做的事情，作為對錯的判準；只不過你不認為有衡量不同理由優次的根本原則，而是要看實際的情況才有可能知道。

　　我的理解對嗎？倘若如此，你認為我們批評別人的判斷是錯的時候，是否可以給出理由呢？若可以，那些理由是否反映某些根本原則呢？

王　你的理解大致上是對的。批評別人時當然可以給出理由，而這些理由可強可弱，可多可少；然而，我不認為這些理由反映某些根

本原則，如果「根本原則」指的是放諸四海皆準、並能在實際情況指導我們作出判斷的原則。

　　不過，我的立場有很多細緻的地方，如果要詳細而準確地表達出來，恐怕會偏離我們的討論主題。[44] 不如這樣吧，for the sake of argument，就假設有這樣的根本原則，這會是怎樣的原則呢？如果你說那根本原則就是「道德理由壓倒一切其他理由」，那麼又回到我已經問過的問題：我有甚麼理由接受這個原則？我甚至可以進一步問：為甚麼衡量不同理由優次的根本原則不可以是「自利理由壓倒一切其他理由」？

劉　若有人以自利理由壓倒一切其他理由，那人肯定不會被稱為「好人」吧。剛開始討論時，你問我怎樣理解「好人」，其實我還未清楚你的想法。你會認為好人就是大部份情況下都做了客觀上最有理由做的事情那些人嗎？而那些完全不自私、以道德理由壓倒一切其他理由的就是「太好人」，是這樣嗎？

王　我用「好人」這個詞語時，主要是指不會存心做壞事的人，而且當他們須要衡量道德理由與自利理由時，在大多數情況下都會根據道德理由行事。至於「太好人」，我則用來形容那些對別人過份地好的人，好到一個不合理的程度，例如為了幫別人一個小忙而令自己有重大損失。不過，這些人也未必以道德理由壓倒一切其他理由；例如在康德那個說謊的例子，一個「太好人」的人很

44　對「根本原則」的看法，我受到兩篇文章的重大影響，有興趣的讀者可以參考：Peter Winch, "The Universalizability of Moral Judgments," in Peter Winch, *Ethics and Action* (London: Routledge & Kegan Paul, 1972), 151–170; Peter Winch, "Moral Integrity," in *Ethics and Action*, 171–192。

可能會為了救人而說謊。假如真的有完全不自私、以道德理由壓倒一切其他理由的人，我會用粵語的粗話「道德撚」來形容他們，雖然可能有人會視他們為「聖人」。

劉　哈哈，竟然要用粗話！不過，剛才我們基本上假設了道德理由不用考慮後果，尤其不能以自利優先，所以才有基於道德理由而不能說謊救人或自救的結果。康德的道德原則的確是這樣，而經典的效益主義（utilitarianism）也要求我們公平，不能把自己或家人的利益置於他人之上。然而，有另一些道德哲學理論，例如行動者相關的後果主義（agent-relative consequentialism），會考慮個人的優先地位，可以在相當程度上把自己的利益置於他人之上，而不違反道德原則。按照這種道德理論，我可以用道德理由壓倒一切其他理由，而不會淪為「道德撚」。

王　對，我剛才說的主要是針對康德的道德哲學，不過，即使是一種沒有將個人利益與道德考慮完全對立的道德哲學，如果凡事都嚴格要求合乎道德，也是會令人煩厭的。無論如何，這不是我們討論的核心問題。「為甚麼要做好人？」這個問題討論到這裏，澄清了不少有關的概念和問題的枝節，我認為我們已點出問題的核心，那就是：一個人做壞事，而且明知那是壞事或不道德的，無論只是做一次壞事還是經常做，我們一定能證明他的行為是不合理（unreasonable）或非理性（irrational）的嗎？留意，這裏說的「不合理」或「非理性」是整體而言的。

　　我用了「一定能證明」這個詞組，因為這樣的證明必須是原則性的；換句話說，即使我們證明了某人在某情況下做壞事是不合理的，這並不表示如果我在另一個情況下做壞事，我的行為也

能被證明為不合理，除非前一個證明是原則性的。康德相信他提出了這樣的一個原則性證明，但我認為他這看法是錯誤的；以我所知，也沒有其他哲學家做出過這樣的原則性證明。

如何說服理性的壞人

讓我換一個方式問你：假如我是個壞人，經常明知是壞事的也去做，只為從中得到個人利益；並假設我沒有所謂受良心責備的心理，也有辦法做壞事而不被人發覺，甚至令世人都相信我是個大善人。你能說服我，我的行為是不合理的嗎？

劉　在這種情況，那壞人的行為可說是十分理性的，但這種只是工具理性（instrumental reason），表示做壞事能達成他私利的目的而已。然而，這種計算的合理性要建基於他有充分信心和理由相信，自己的壞事最終不會被發覺，而且他人的損失和痛苦不會倒過來損害他自己。我認為在現實世界中，除非是一些特殊的處境，這種完全符合工具理性的私利計算是極難實行的。不過，若所有可能的惡果都肯定不會出現，那麼就真的只能用道德理由來嘗試說服那人了。

純粹道德理由（無論是康德式還是後果主義的）也可以是有力量的。它不一定對所有人都有力量，對上述那種壞人就很可能軟弱無力；但不能否認有些人是可以為了道德理由，而完全犧牲個人利益的。歷史上的一些偉人，不是死守道德原則，而是因為明白某些道德理由對人類文明的重要性，可以將個人利益完全置於度外。歷史不斷由這些偉人推動文明進步，讓我們今天生活在

一個較平等和公義的社會，有較完善的制度去揭發和懲罰壞人，有較周全的生活保障讓人不用鋌而走險來求生，有較優秀的教育培養個人的道德情感。這種社會讓每個人都較有理由做好人。

　　我認為在一個不太墮落的社會，每個人無論是考慮道德、私利或公益，都有充分理由做一個基本或初級的好人。只不過要做一個偉人或聖人級的好人的確很難，也很難說有充分理由去做。我不太明白為何有些人可以為了公義和真理，忍受長年累月的折磨或虐待，甚至犧牲自己的性命。無論如何，這些人是值得我們敬佩的，他們的榜樣也可算是推動我們做好人的一個額外理由吧。

王　你說的我都同意。人類社會需要道德規條來維繫，那是不爭的事實。此外，如果一個社會的道德教育是成功的，或至少大抵上成功，那麼大部份人都被培養出道德意識和道德情感，並能在一般的情況下作出社會上絕大多數人都認同的道德判斷，並依據那樣的判斷來行事。這些人在問到「我為甚麼要做好人？」時，即使未能提出令自己完全滿意的答案，結果也不會因此便決定去做壞事，因為他們的道德意識和道德感情早已養成，很穩定，而且有足夠的強度。

　　可是，每個社會都有自私自利、損人利己的人，甚至有傷天害理、壞事做盡的人。這些人也許是道德教育失敗的產物，也許是天生有特強的自私自利傾向。他們不是不明白道德對社會的重要，也不是不明白別人在各種情況下作出的道德判斷，只是認為個人的利益更加重要；如果能避過法律的制裁和別人的道德譴責，他們便會做出壞事，做了之後亦不會感到良心不安。這樣的人如果問「我為甚麼要做好人？」，他們的答案會是「整體而言我

還是做壞人划算」。這些壞人中不乏享盡榮華富貴的人，亦不乏手握政治大權者，他們的一生也可能大部份時間過得十分愜意，有真正的朋友，有所愛的人，甚至有關懷和愛他們的人。對著這種人，我真的想不到如何能證明他們更有理由做好人。

在討論開始時，我表達了一個擔心，就是討論完「為甚麼要做好人？」這個問題後，合理的結論會是：「人人都是好人」是一個理想的世界，但我們並沒有理性的基礎去實現它。看來這真的是我們的結論。

劉　要人人都是好人？不可能吧！雖然我們可以營造有利於培育好人的社會環境，減低做好人的代價，但社會上總會有壞人來佔便宜。況且根據博弈論，當社會上好人佔了絕大多數時，做壞人的成本效益將大幅提升，做壞人變得更為划算；所以除非有成功的基因改造，否則壞人是不可能杜絕的。

王　其實我說的只是「實現的理性基礎」，如果有這樣的理性基礎，那麼「人人都是好人的世界」至少是一個合理的理想，即使極其難以實現，但也值得追求和盡量接近。不過，這可能只是哲學家才會關心的理論性問題。另一方面，正如你所說，現實世界難免有壞人，而這不是哲學家能直接改變的。想來也有點洩氣。不過，這個討論總算幫助我整理好自己的想法，你的不少論點也刺激了我進一步思考有關問題，所以還是挺有滿足感的。期待下一次的討論。

人有沒有自由意志？

我們的行事和思考，無論是大事還是小事，都在在反映出我們相信自己有自由意志，在大多數情況下可以決定個人的行為，亦因而須要為行為負上道德責任。可是，根據科學的理解，宇宙的一切都由自然法則支配；儘管我們感覺上擁有自由意志，但人類既然是宇宙的一部份，也應該受自然法則支配，那麼自由意志可能只是錯覺，並不真實存在。有些科學實驗甚至提出直接的證據，試圖證明人類並沒有自由意志。另一方面，就算我們同意自由意志是錯覺，也很難放棄自由意志的信念，以及放棄對人類行為的道德理解。哲學可以幫助我們找出一個合理的折衷立場嗎？

王　上次討論的「為甚麼要做好人？」，屬於道德哲學問題，其實有關道德的哲學問題很多，假如要比較全面和深入地討論，恐怕非寫一整部書不可。今天我們討論的「人有沒有自由意志？」，一般而言是歸入形上學，不過，這個問題和道德有密切關係。

　　我們除了經常判斷自己和別人的行為在道德上是對抑或錯，還會認為人要對自己的行為負道德責任 (moral responsibility)，並因此責備道德上錯的行為，而如果我們有權力去做的話，便會懲罰做出這種行為的人；對於道德上對的行為，我們則可能會稱讚及獎賞。然而，這些道德判斷和相應的做法，都是基於一個信念：人有自由決定自己的行為。當然，每個人都或多或少有「身不由己」的經驗，但在絕大多數情況下，我們都相信自己和別人的行為是自主的，是行使自由意志 (free will) 的結果，這不但包括重要的事，例如決定移民，也包括日常瑣事，例如吃甚麼做早餐。我說這是一個信念，因為我們只是相信自己有自由意志，不是由於有證據支持而達至「人有自由意志」的結論。這個信念可以是錯的。

視自由意志為錯覺

　　我說的這些都十分粗略，只是用來做個討論的開頭。「人有沒有自由意志？」這個重要的哲學問題千百年來已被無數哲學家討論過，有關文獻浩如煙海，被提出過的看法或理論有不少是非常複雜和細緻的。大部份討論這個問題的哲學家都試圖論證人真

的有自由意志。[45] 有趣的是，有不少科學家也對這個問題有興趣，但公開發表意見的大都認為人其實並沒有自由意志，[46] 甚至形容自由意志為「錯覺 (illusion)」。[47]

劉　大概是這樣吧。我們都假設自己是自由的、有能力做不同的選擇。例如我怎樣回答你的問題，用甚麼例子來解釋我的想法，似乎都有很多可能性，最終說了甚麼，都是我選擇的結果。這似乎是人之所以為人最獨特的地方。死物和植物明顯沒有選擇的自由，即使是動物，尤其是低等的，牠們的活動很大程度只是本能的反應。較複雜或高等的動物也許有些選擇的能力，但牠們不懂得抽象思維或有意識地考慮行動的後果，因此我們不會認為，有任何其他動物須要為其行為負道德責任。

　　長久以來，人類都自視為非常獨特的生物，雖然軀體和其他動物分別不大，但我們擁有非常複雜的思維和情感，遠超其他一切動物。很多傳統的宗教和哲學都因此認為人類擁有非物質的靈魂——由於靈魂不受自然規律支配，便可以自由地思考和下決定。我不是說自由意志必須假定非物質靈魂的存在，但一旦放棄

45　根據 David Bourget 和 David Chalmers 於 2014 年發表的調查，參與該調查的哲學家之中，只有 12.2% 認為人沒有自由意志。David Bourget and David Chalmers, "What Do Philosophers Believe?," *Philosophical Studies* 170 (2014): 465–500.

46　例如物理學家 Brian Greene。見 Dan Porterfield, "'I Am Not A Believer In Free Will': A Conversation with Physicist Brian Greene," *Forbes*, July 21, 2020, https://www.forbes.com/sites/dporterfield/2020/07/21/i-am-not-a-believer-in-free-will-a-conversation-with-physicist-brian-greene/?sh=4cbfbb7c217b.

47　例如生物學家 Jerry A. Coyne。見 Jerry A. Coyne, "2014: What Scientific Idea Is Ready for Retirement?," *Edge*, accessed August 28, 2021, https://www.edge.org/response-detail/25381.

了這個假設，再加上我們已經知道，所有動物都有共同的演化歷史，我們就很難否認人類與其他動物只有複雜程度之別，而沒有本質上的差別。那麼，為何只有人類才有自由意志呢？

王　你這樣問，我大可指出人類獨有的東西可多著呢。只有人類才發展出文明和文化，只有人類才有懊悔、成功感、愛恨交纏等複雜的情感，只有人類才會想像出死後的世界等等。為甚麼人類不可以在「擁有自由意志」這一點上是獨特的？

劉　因為自由意志並不符合我們對這個自然世界的認識！按一般的理解，自由意志代表有選擇的能力，雖然不是完全沒有限制的選擇，但也必須能在某些選項中影響結果，才算自由。例如，我現在寫個「有」字，這看來是我自由的選擇，因為我似乎可以寫「無」或其他字，不受限制。然而，我選擇了「有」字，是我雙手執行大腦發出的指令，而大腦是由細胞組成的；細胞又不外是複雜的分子結構，其狀態完全受自然規律所支配，理論上是可預測的。若沒有非物質的靈魂，人類的大腦和身體與其他動物的一樣，都是複雜的細胞組合，其一切變化和反應，無不受自然規律支配。那麼我剛才寫了個「有」字，與我在寫這段文字期間長出了很多新細胞，都是同一個大腦和身體所產生的自然現象。我之所以誤以為剛才我有可能選擇寫「無」或其他字，是因為我未充分了解自己的大腦和自然規律，因而產生了自由的錯覺。當然，就連這種錯覺也是我的大腦按自然規律讓我感受到的狀態，理論上同樣是可預測的。人類的行為反應只是比其他動物的複雜得多，因而較難預測而已；但在受自然規律支配這點上根本沒有分別，也沒有真正行使自由選擇的空間。

王 說自由意志是錯覺，有兩點值得強調。一、假如自由意志真的
是錯覺，那便和那些典型的視錯覺 (optical illusion) 一樣，看來十
分真實。例如著名的繆萊二氏錯覺 (Müller-Lyer illusion)，[48] 雖然
上下兩條橫線的長度事實上一樣，但我們看到的是其中一條明
顯比另一條長，而且總是看到那樣，不能改變視覺經驗。自由
意識的錯覺 (假如是錯覺) 也是如此，在經驗上是十分真實的，
而這種「自由意志的經驗」，在我們經過思慮 (deliberation) 而做出
決定時最為具體和強烈。例如我要把剛完成的論文投稿到哲學
期刊，猶疑應該投給期刊A還是期刊B，斟酌考量一番後，我決
定投給期刊A；這整個經驗我是無法不覺得是我在做決定，最後
的選擇存乎我的一心。雖然我把稿件投給了期刊A，但我強
烈感覺到，我本來是可以投給期刊B的，只是我沒有那樣選擇
而已。

　　二、我們知道了看到的是視錯覺後，雖然視覺經驗沒有改
變，但會調整信念，例如不再相信那兩條橫線的長度不同。然
而，我們是否也可以放棄相信自己有自由意志，那是很成疑問
的。我知道有些哲學家和科學家宣稱他們不相信人有自由意志，
當然也包括不相信他們自己有自由意志，但我很懷疑他們只是那
樣說，其實並不真的放棄了自由意志的信念。

48　兩條長度相等的平行線段，各自兩端都畫有箭頭，一條線段的兩個箭頭指向
　　線內，另一條線段的兩個箭頭指向線外；箭頭向內的線段，比箭頭向外的線
　　段看上去較長。

關於自由意志的科學研究

劉 正如你曾經提及，我們未必能控制自己的信念，有時即使明知證據確鑿，也不一定能說服自己改變想法。況且若所有思想和意識都是大腦的狀態，那麼自我說服的過程和信念的轉變，同樣是由自然規律支配；最終那些哲學家和科學家能否放棄自由意志的信念，也不是他們自由的決定。不過，我其實覺得我已成功說服自己，我的一切思想和行動都是大腦和身體的自然反應，是理論上可預測的；但當我做具體選擇時，並不會額外思考這個哲學問題，而是專注於要考慮的事項而已。

　　你也知道關於自由意志是否錯覺，有一系列相關的科學研究。其中一種研究是有關 sense of agency，中文可譯作「能動主體性的意識」吧，即研究在甚麼情況下，我們會感到某些行動是由自己作主的。科學家發現，這種感覺可以人工地植入被測試對象的意識之中，例如某些動作或選擇明明是來自外來的指示或控制，但只要符合適當的條件，測試對象可以誤以為那是自己主動的選擇。[49]

　　另一種實驗是研究有意識的決定與大腦活動之間的時序和因果關係。較著名的是利貝特 (Benjamin Libet) 數十年前的研究，他發現在有意識的決定產生之前，大腦有關區域已有些無意識的

49　Daniel M. Wegner and Thalia Wheatley, "Apparent Mental Causation: Sources of the Experience of Will," *American Psychologist* 54 (1999): 480–492.

活動，而這些活動很可能就是產生決定的源頭。[50] 另外有些更新近運用磁共振成像 (magnetic resonance imaging，簡稱MRI) 等技術做的研究，聲稱可在測試對象作出有意識的決定數秒之前，已經可以透過分析腦部狀態，預知他們的選擇。這些研究雖然還未足以否證自由意志的存在，但它們確實是較符合我剛才提及的想法，就是一切意識和思想都是大腦的狀態，並且理論上可以根據自然規律來預測。

我們能不相信自己有自由意志嗎？

王　在進一步討論你提到的科學研究之前，我想多說幾句關於我們能否放棄自由意志的信念。我說很懷疑那些宣稱自己不相信人有自由意志的哲學家和科學家並不真的放棄了自由意志的信念，不單是因為我們不能直接控制自己的信念，更重要的是因為自由意志的信念在我們的日常思想、情感和行為的重要性。斯特勞森 (P. F. Strawson) 有一篇很著名和影響巨大的文章，發表於 1962 年，題目是 "Freedom and Resentment"，[51] 講的正是自由意志的信念如何深入地滲透於我們的日常思想、情感和行為中，是我們身處的人際世界 (the interpersonal world) 中不可或缺的信念。

---

50   Benjamin Libet, Curtis A. Gleason, Elwood W. Wright, and Dennis K. Pearl, "Time of Conscious Intention to Act in Relation to Onset of Cerebral Activity (Readiness-Potential)—The Unconscious Initiation of a Freely Voluntary Act," *Brain* 106 (1983): 623–642.

51   Peter Strawson, "Freedom and Resentment," *Proceedings of the British Academy* 48 (1962): 1–25.

我們的道德判斷，不論是對別人的還是對自己的，很明顯是基於我們相信人有自由意志；不僅如此，我們對別人行為的情感反應，以及對各種人際關係的了解，都是基於這個信念。舉個簡單的例子：一個人知道自己被至交好友出賣，損失慘重，於是心生憤恨，並決定與那人絕交；這些情感反應與隨之而來的決定和行為，都是基於相信那人有自由選擇是否出賣他。假如他後來發現原來那位朋友是被迫的，或是思想受人控制，才做出那令他損失慘重的行為，他的情感反應便會改變，至少不會是同樣程度的憤恨，亦未必會跟那人絕交。

不過，另一方面，斯特勞森也指出，我們有時候可以在思想上從人際世界抽身而出，用科學的客觀觀點來了解人，而將人看成不過是自然世界的一部份；從這個觀點看，可以得出「人沒有自由意志」的結論。問題是，這種抽身而出是短暫的，在其他時間我們都是徹頭徹尾在人際世界中過活。

劉　你說的我都同意。我們的確難以避免把別人和自己都視為有自由意志，這是我們互相理解的基礎；而這種理解方式是悠長的演化歷史塑造出來的，它讓人類能成功溝通和合作，在物競天擇的環境中脫穎而出。然而，成功不等於真實，正如心理學家加利曼（Daniel Kahneman）把人類的認知系統分為「系統一」和「系統二」，前者是直覺、快速而帶有情感的，後者則冷靜、理性、但費力和緩慢；[52] 一般情況下，系統一是成功而有效率的，但卻隱藏多種認知偏差，經常誤導我們，產生各種錯覺。我們日常的世界觀由

52　Daniel Kahneman, *Thinking, Fast and Slow* (New York: Farrar, Straus and Giroux, 2011), Chapter 1.

系統一主導，但建立科學須要應用系統二，而且是要透過多種方法，有意識地避免、甚至克服系統一產生的頑固認知偏差。

　　把人視為自由的行動者是日常世界觀的核心假設，即使這假設是錯的，我們也可能難以撇除這種錯覺，或者要非常費勁地運用理性，才能短暫抽身而出。不過，這並不表示自由意志不可能是錯覺，反而只反映我們的理性和想像力的限制。我們的想像力是十分有限的，例如無論我們多費勁，也不能想像量子世界是怎樣的，但我們知道量子力學 (quantum mechanics) 是最可靠的科學，它所描述的世界比我們常識的圖像要真實得多。因此，我們能否放棄自由意志的信念，這其實並不影響自由意志是否真實存在。

王　我的意思不是自由意志不可能是錯覺，我只是想強調，自由意志的信念在人際世界的無比重要性；此外，我亦想指出，有些人說自己相信人沒有自由意志，是說得太過輕率隨便了。

　　另一方面，我們是否有足夠理由或證據接受人沒有自由意志，到現在還未有定論。你剛才提到的利貝特實驗，有些科學家覺得非常棒，甚至因此相信這些實驗已證明了人沒有自由意志。然而，很多哲學家認為利貝特的實驗，以及後來另一些科學家做的同類而且更精確的實驗，都遠遠未能證明人沒有自由意志。我同意這些哲學家的看法。

對利貝特實驗的質疑

劉　利貝特的實驗是幾十年前技術還相對簡單時的研究，今天更先進的技術讓科學家能做更精確的研究；有些實驗要求測試對象隨心

所欲地按左鈕或右鈕，而科學家可透過掃描大腦某區域的狀態，在幾秒前預知他們的選擇。例如觀察到大腦出現L狀態後幾秒，測試對象就會按左鈕，而出現R狀態後幾秒就按右鈕，那麼L/R與左右鈕的選擇就不單是時序關係，而是很可能有因果關係了。[53]

王　就算是近年較先進的實驗，我們也至少有三個理由質疑：一、實驗中的行為，都是一些即時決定的小動作（例如擺動指頭），與我們生活中那些經過審慎思慮而決定做的行為分別很大；因此，即使實驗證明了這些小動作不是運用自由意志的結果，也未能支持「人沒有自由意志」這樣的一個概括人類所有行為的結論。二、實驗結果聲稱發現某些不能為人所意識的腦部活動（稱之為N），與有意識地做的決定（稱之為D）有相關性（correlation），從而推斷N是D的原因；可是，以N來預測D，[54]即使是那些較先進的實驗，準確度最高只有60%。[55]這樣的準確度，用來支持「N是D的原因」，恐怕有欠說服力。三、N發生先於D，並不保證N是決定的原因，例如N可以只是運用自由意志有意識地決定行動前的腦部預備活動。

劉　單從N發生先於D當然不能推論出N是D的原因，但卻足以否證D是N的原因，亦即那些腦部活動N不可能是由有意識的決定D所指揮的。

53　John-Dylan Haynes, "Decoding and Predicting Intentions," *Annals of the New York Academy of Sciences* 1224 (2011): 9–12.

54　這裏略為簡化了，因為預測的是測試對象的決定以及基於有關決定的行為；下文因應論點需要，將兩者分開為D和A。

55　Haynes, "Decoding and Predicting Intentions," 16.

當然，L/R 與左右鈕之間沒有100%的相關性，正如你剛才指出，那些預測只有60%準確度。將來的技術進步可望提高準確度，但要期望100%準確的預測是不切實際的，一般科學研究也沒有這種期望。例如吸煙導致肺癌是科學家的共識，但兩者之間可能也只有80%–90%的相關性。對於一般科學問題，80%–90%的關連可能已經足夠，但對於自由意志課題，即使L/R與左右鈕之間有99%的相關性，我們可能仍會設想，那1%的例外正好反映人有自由意志的空間。因此，我不認為自由意志有可能透過實驗來否證，但那些實驗結果無可否認是較符合沒有自由意志的世界觀。

隨著科學的發展，我們可以越來越準確地預測人類的行為。上述那些腦神經科學研究的範圍，主要限於實驗環境中的簡單動作，但科學家也有方法預測經過思慮和審算的行為。我們早前討論過人工智能的發展。透過大數據的分析，我們不但可以掌握和預測複雜的集體行為，甚至有可能比一些個體更了解他們自己的意欲和行為模式。這些研究還讓政府和大財團能操控人類的行為，令人自以為自由地作了某些選擇，但其實那些意願根本是從外來植入的。

王　你說的這幾點都未能完全回應我剛才提到的一個可能：N只是運用自由意志決定行動前的腦部預備活動，而不是D的原因。留意，運用自由意志是一個過程，整個過程可能不是由頭到尾都是運用自由意志者所意識到的。簡化點說，假如「運用自由意志」這個過程有三部份，就是腦部預備活動 (N)、自己意識到的決定意念 (D) 和作出的行動 (A)；而運用自由意志者只意識到D和A而意識不到N，但這不表示N不是這整個過程的一部份。N雖然

發生先於 D，但不是 D 的原因。也許我們會覺得 A 的原因只有
D，但那是因為我們做出 A 之前只意識到 D，其實 N 和 D 是 A 的
共同原因；N、D 和 A 這整個過程才是運用自由意志，而 D 只是
「運用自由意志」這個現象的一部份，即使它是我們最為意識到的
部份。

　　打個比方，我正在練習搏擊術中的出拳，一下一下地練，可
用直拳或勾拳，每一下都是有意識地決定打直拳還是勾拳，而不
是像打架時經常出現的那種條件反射；而這兩種出拳需要在腰部
和背部有不同的肌肉收緊及扭動預備，但我練習時只意識到自己
出拳的動作。假如你有精密的儀器用來量度我腰部和背部的肌肉
活動，你可以在我出拳之前準確預測到我會打出直拳還是勾拳，
而我意識到自己出哪種拳的時間比你的預測稍後。可是，你不應
該由此而推論出我不是自己決定出直拳抑或勾拳。同理，如果 N
是運用自由意志決定行動前的腦部預備活動，那麼，即使你能用
N 來準確預測到我的行動，你也不應該由此而推論出我的行動不
是自主的。

劉　按常識的自由意志觀念，有意識的選擇才算自由，但若那選擇是
在一個過程中，被較早出現的無意識狀態所完全決定，那麼事實
上並非真正的選擇，而整個過程也因而不是自由的。在利貝特實
驗中，關鍵的問題是，N 是否完全決定了 D？實驗的確未能確立
這點，N 出現後 D 不一定會出現。利貝特認為 N 只是 D 的腦部預
備活動，測試對象是有可能在 N 出現後「行使否決權（veto）」，不
作按鈕行動；因此利貝特認為他的實驗反而展示了我們有抗拒的
自由，他稱之為 "free won't"。若我們真的有 free won't，就等於有
自由意志。問題是，行使有意識的「否決權」之前會否有另一些

腦部活動，作為產生那否決意志的原因，這點還有待研究；倘若是有的，那個won't也仍然不是自由的了。

　　若我們撇開這個「否決權」的能力，假設我們有方法找出更準確的N，在這個N之後D必定出現、沒有例外，那麼我們就有理由推斷N完全決定了D。若我們可追蹤由N到構成D的相關神經區（neural correlates）之間的訊息傳遞機制，就可更加確定N與D的因果關係。A可能是由N或由N經過D來產生的，但由於較早出現的是N，而N作為腦細胞狀態，理所當然地受物理規律支配，並理論上是可預測的，因此緊隨其後出現的D和A同樣都是可預測的。除非我們找到在N之前，有另一個有意識的選擇B，可被視為產生N的原因，那麼N就只是執行B的指令。倘若如此，D是B和N之後一個被決定了而有意識的感覺，但被誤以為是自由的決定，而事實上B才可能是自由的。不過，在利貝特實驗和較新近的實驗中，都沒有B這個意識現象，而即使有B，我們還可進一步研究B會否有更早一點的腦部活動，作為產生B的原因。

　　至於拳擊的例子，若你腰部和背部的肌肉活動，比你出直拳或勾拳的意識更早出現，並且我們可透過量度你的肌肉活動，準確地預測你會出甚麼拳，那麼你的肌肉活動與出拳意識之間有兩種可能關係：要麼你透過來自身體內部的肌肉活動所產生的感官刺激，獲得你出直拳或勾拳的意識，那麼肌肉活動就是你出拳意識的原因；要麼是你的肌肉反應和出拳意識都來自腦部的指令，因此有某些腦部狀態是它們兩者的共同原因（common cause）。後者似乎更合理，那麼應該是有些無意識的腦部活動，一方面產生了肌肉反應，另一方面又產生出拳的意識，只是前者的運作比後

者更快，我們才可透過你的肌肉反應比你自己更早知道你的出拳方式。無論如何，若我們可透過量度你的肌肉活動，比你自己更早知道你會出甚麼拳，這就好像我剛才提及的按左右鈕實驗一樣，顯示你以為是有意識的選擇，其實是由無意識的腦部活動所決定，因此無論是出拳還是按鈕，都不是自由的行動。

王　利貝特實驗和類似實驗的最大問題是未能確立 N 為 D（或 D+A）的原因。你剛才設想在甚麼情況下這種實驗能確立 N 為 D 的原因，但那不過是設想而已，將來能否做到，完全是未知之數，不可以根據現在實驗的設計和結果來推斷。將來的實驗是怎樣的、結果會發現甚麼，將來自有分曉。我的朋友包樂加（Mark Balaguer）研究自由意志的問題多年，出版了一本專著 *Free Will as an Open Scientific Problem*，書名表達了他的基本看法，就是「人有沒有自由意志？」是一個科學問題，會由科學研究和發現解決；但這個問題到目前為止還是 open 的，沒有確實的答案。[56]

　　不過，我用來質疑上述實驗的，顯然不是科學理論或實驗，而是哲學推論。你的反駁也一樣，是哲學推論。在你的推論裏，你似乎預設了一個哲學理論，就是決定論（determinism），或更準確地說，是因果決定論（causal determinism）。[57] 你接受決定論嗎？

56　Mark Balaguer, *Free Will as an Open Scientific Problem* (Cambridge, MA: MIT Press, 2010).

57　根據因果決定論，宇宙裏的每一事件（結果）都是它發生前的某些事件（原因）加上自然法則（laws of nature）所決定的。「因果決定論」通常簡稱「決定論」，但也有其他的決定論，例如相信上帝或某種神秘力量決定世上一切事情。

科學問題 vs. 哲學問題

劉 我們有理由預期,類似利貝特的實驗,將來對人類的行為可作出
越來越準確的預測,但自由意志問題與一般科學問題有關鍵性的
分別。假如實驗顯示 N 與 D 有 99% 的相關性,一般情況下我們
已可以相當肯定它們之間的因果關係;可是,正如我剛才提及,
在有關自由意志的問題上,即使是 1% 的例外,我們也可以認為
這是反映了人有運用自由意志來扭轉乾坤的空間。沒有科學實
驗是 100% 準確的,所以自由意志的問題似乎難以用科學方法來
解決。

在心靈哲學的討論中,提倡同一論(identity theory)的史邁特
(J. J. C. Smart)有個不錯的類比:他指出,若我們要研究心靈或意
識狀態是等同於腦部狀態,還是等同於心臟、肝臟或腎臟狀態,
這是一個科學問題,可以透過實驗方法來解答。然而,若我們要
研究到底心靈狀態是等同於腦部狀態,還是等同於非物質的副
現象(epiphenomenal)狀態,這就不再是科學問題了。副現象說
(epiphenomenalism)認為心靈狀態是伴隨腦部狀態出現的非物理狀
態,但這些狀態卻不能影響任何腦部或物理狀態,只像陰影一樣
依附著腦部狀態存在。由於這些狀態不會產生任何影響,我們不
能透過實驗方法測試它們是否存在,所以即使所有實驗都顯示心
靈狀態與腦部狀態一一對應,這也不能排除副現象說有可能是對
的。[58] 同理,由於沒有任何實驗是 100% 準確的,無論我們如何

---

58 J. J. C. Smart, "Sensations and Brain Processes," *Philosophical Review* 68 (1959):
155–156.

深入了解人腦，如何準確地預測人的行為，我們也不可能完全排除在例外的情況下，某些行為是自由選擇的結果。

王　包樂加的意思不是科學能夠解決哲學問題。他認為「人有沒有自由意志？」是一個科學問題，或者更準確地說，「人有沒有自由意志？」應該被視為一個科學問題，用科學的方法來解決。要是我們真的這樣處理這個問題，便應該用科學的標準來判斷因果關係，例如判斷我們剛才討論的 N 和 D 是否有因果關係。既然科學在利用實驗來確立因果關係時不要求 100% 的相關性，那麼，要確立 N 和 D 的因果關係，也不需要 100% 相關性。包樂加對利貝特及其他科學家做的類似實驗的批評是，它們還未能確立 N 和 D 的因果關係，而他這個批評是基於科學的標準。

　　當然，我們可以堅持「人有沒有自由意志？」是哲學問題而不是科學問題。要是這樣堅持的話，對於科學實驗，我們便只能視之為有參考價值，而不能用來解決問題。也許是這個緣故，認為利貝特式實驗已證明人沒有自由意志的，大多是科學家，而甚少是哲學家。

劉　有關自由意志在概念上的論爭，尤其是相容論與不相容論之爭（compatibilism vs. incompatibilism），就明顯不是科學問題。根據較接近常識的不相容論自由概念，自由意志與決定論互不相容，凡是被決定和可準確預測的行動都不算自由。類似利貝特的實驗可能在某些極簡單的行動上，發現接近決定性的因果關係，並作出準確的預測。若按科學標準，我們可說是排除了那些行動是自由的，但我懷疑很多人不會接受這個結論，而是會繼續相信有自由意志的空間，正如史邁特認為我們難以用科學方法否證副現象

說一樣。況且人類的行為那麼複雜，大部份都難以在實驗室環境中研究，所以我贊同我們只能把科學實驗視作參考，而不能用來解決自由意志問題。

若我們能知道決定論是對的，就可推斷常識意義的自由意志不存在，但我們並不知道決定論是對還是錯。決定論本身是一個與科學有關、又未必能用科學來解決的 open problem。不過，即使決定論是錯的，也不表示人有自由意志……

王　看來你要講量子力學了。

可預測性與自由意志

劉　正是。經典牛頓物理學 (Newtonian physics) 的世界觀是決定論的，但牛頓物理學已被現代的量子力學取代，而量子力學有幾種不同的詮釋，我們還未能肯定是決定論、還是非決定論的詮釋才正確。若哥本哈根學派的詮釋 (Copenhagen interpretation)[59] 是正確的，則所有現象最終只能用概率來描述。這種非決定性 (indeterminacy) 適用於一切自然現象，從桌球撞擊、火箭軌跡、星體運動，到天氣變化、疾病傳播，以至腦細胞運作和人類行為，都是受非決定性的自然規律所支配。儘管沒有決定性的物理

59　量子力學有一系列廣被接受、並能準確運用的公式，但那些公式容許不同的詮釋，學界至今沒有共識。其中一種影響力較大的是哥本哈根詮釋，來自玻爾 (Niels Bohr) 和海森堡 (Werner Heisenberg)；稱為「哥本哈根詮釋」，是因為當時玻爾和海森堡都在哥本哈根大學做研究。根據哥本哈根詮釋，量子力學描述的世界最終是非決定性的 (indeterministic)。

規律，自然現象 —— 包括細胞的運作和人的行為 —— 在相當程度上仍然是可被準確預測的。

自然現象的可預測性毋須假設決定論，物理規律決定了不同現象的概率分佈 (probability distribution)；而根據大數法則 (law of large numbers)，[60] 即使微觀的現象並非個別地有決定性的規律，但足夠大量的事件整體上自然會趨近那些概率分佈，因此宏觀現象都可用類近決定性的規律來把握和預測。對不同現象的預測，準確程度取決於現象的特性、我們的知識水準、以及技術限制等。我們對人類行為的預測遠不及預測火箭軌跡或星體運動那麼準確，但可能已經比某些天氣變化或疾病傳播的預測準確得多，而這並不表示天氣變化或疾病傳播有較大的「自由度」。因此，即使決定論是錯的，也不見得為自由意志提供了足夠的理論空間。

王 但如果決定論是對的，那便較容易理解為何自由意志並不存在。如果人的一切行為都由自然界的因果律決定，即每一行為都是某個因的果，而那個因又是之前另一因的果，如此類推，每一因決定每一果；由於出生的因不是自己決定的，而一個人從出生到死亡，是一條長長的因果鏈，那麼，在這條因果鏈裏，理應沒有容得下自由意志的「空隙」。歷來有很多哲學家企圖證明決定論其實與自由意志是相容的，但我所知的眾多論證中，沒有一個足以令我信服。

---

60 大數法則是一條統計學定理，它所說明的是：不斷反覆重做同一項實驗，即使每次個別實驗的結果都是隨機的，可以大幅度偏離預期值，但大量實驗後的平均結果會趨近預期值。

　　　　可是，如果決定論是錯的，如果這世界所有現象——包括
人的行為——如量子力學所言，最終只能用概率來描述，我們
便要放棄決定論裏那個「人的行為是被因果關係決定」的理解。
你剛才説，在量子力學的世界裏，人的行為跟其他現象一樣，仍
然可以被準確預測。然而，問題來了，「可被準確預測」與「被決
定」是不同的概念；「被決定」與自由意志是不相容的，但我們有
甚麼理由相信「可被準確預測」與自由意志也是不相容的？

劉　自由意志假設了我們有選擇做其他事情的可能性（alternative
possibilities），但若一切行動皆可被準確預測，這種選擇的可能性
只是錯覺，根本並不存在。那麼我們還有自由意志可言嗎？

王　那我要追問下去了，我們有甚麼理由相信「可被準確預測」與選
擇的可能性是不相容的？

　　　　如果我對你的了解很深，你的一些行為因而可被我準確預
測，但那不表示你在做你被我預測到的事時，沒有選擇做其他
事情的可能性。當然，我只是凡人一個，沒有能力準確預測你
的所有行為；可是，假如全知的上帝存在，祂既然無所不知，當
然可以準確預測你的所有行為，但那不表示你沒有選擇的可能
性——上帝只是預先知道你會怎樣選擇而已。

劉　上帝的全知會否與自由意志不相容，這是個極具爭議的課題。若
不接受決定論，而要消解上帝的全知與自由意志的衝突，似乎只能
假定上帝不受時間所限，因此祂並非透過預測來得知你還未決定的
選擇，而是因為祂能好像置身於未來一樣，知道你選擇的結果。

　　　　對於不能超越時間的我們，要預測任何事情，只能基於已知
的規律來推算。若你對我了解很深，深到可以準確預測我的行

為，這也許與自由意志相容，但也可能不相容，要視乎是哪種情況。若你深入了解我的信念、意願和目標，以致能預測我甚麼時候會有甚麼選擇，這種預測的可能性可以與自由意志沒有衝突，因為源於自我信念、意願和目標的行為可算是自由的；除非這些信念、意願和目標本身都是被決定的結果，那麼那些行為最終就不算是自由的。若你是個超級腦神經科學家，而你能準確預測我的行為，是因為你對我的身體和腦部、以至相關的物理規律都有深入的了解，這種基於物理規律的預測與自由意志就有衝突了。

　　兩種預測的分別在於相應的規律有不同的形式和特性。基於信念、意願和目標所作的預測是目的論的（teleological），這種預測很難高度準確，並且只適用於有限的行為種類，而可被視為行為「原因」的也只有「我的」信念、意願和目標等；既然「原因」最終都是屬於「我的」，並且大都是有意識的，因此可符合自由意志的要求。然而，若你是個超級腦神經科學家，你就可在目的論的預測之外，再進一步追溯那些信念、意願和目標的物理或生物原因，預測我甚麼時候會有甚麼信念、意願和目標，然後產生甚麼行為。這種預測是基於物理或機械式的（mechanistic）規律，並可把原因追溯至我出生前的事情。倘若這種預測是完全準確的，則表示這些物理或機械規律支配了我出生至今的發展，也等於我出生前的事情決定了我今天的行為。那麼這種預測等同顯示了我沒有真正的選擇，因此也難以把我的行為視為自由意志的結果。

王　你的解釋合理。即使決定論是錯的，那不表示物理世界沒有自然規律，而如果量子力學對物理世界的理解正確，那麼自然規律便是概率式的；雖然掌握這些概率式規律不能讓我們百分百準確地由因預測果，但很多時候都相當準確。是自然規律讓我們能

夠準確預測自然現象，因為一切自然現象都依從這些規律。如果人的行為也屬於自然現象，便同樣是依從這些規律；換句話說，與自由意志不相容的，不單是「可被準確預測」，更重要的是規律的存在。

「我」是我的行為的原因？

也許有人會有以下疑問：人的所有行為都屬於自然現象嗎？如果人的行為是物理或生物原因的結果，那便明顯屬於自然現象，可是，有些哲學家認為物理或生物原因並不是人類行為的終極原因；他們的看法是，至少在有意圖 (intentional) 和經過思慮 (deliberative) 的行為，做出行為的人才是那個行為的終極原因。例如我剛剛打出了前一個句子，這個行為的原因是「我」這個能動者 (agent)；如果這個行為有物理或生物原因，這些原因的原因也是「我」。既然「我」是我的行為的原因，那麼，我的行為便是我決定的——我有自由意志。這裏的因果關係被稱為 "agent causation"，或者可以譯為「能動者因果關係」。相信你也知道這個概念，不知你有何看法？

劉　在日常用語，我們經常把個人視為某些事情的原因。例如我們會說「特朗普令中美關係轉差」，但其實這只是個簡化了的說法；我們真正所指的是，特朗普的某些決定或行為令中美關係轉差。特朗普曾在不同時候作出過眾多決定，有些破壞中美關係，有些可能有利於中美關係。嚴格而言，真正影響中美關係的不是特朗普這個人本身，而是他所作出的眾多具體決定。這些決定都是有意

圖、並經過思慮的，但每個決定都在某時某刻出現，理論上我們可以研究那些時刻特朗普的腦部狀態和周遭環境的影響，然後追溯背後的因果序列，直至特朗普出生之前的事情，因此這些決定也不見得有自由意志可言。

　　我們甚至可把特朗普理解為他一切決定和行為的總和，然後研究它們加起來最終令中美關係轉差還是轉好了。然而，若「能動者因果關係」的提倡者假設在這些決定和行為之外，還有一個特朗普本身可以成為某些變化的原因，我認為他們是犯了賴爾（Gilbert Ryle）所說的範疇錯誤（category mistake），即是好比在參觀拜訪過大學的所有學院、建築物、圖書館、教職員和學生之後，認為除此之外，還有「大學」這東西未曾參觀。[61] 倘若「能動者因果關係」這個概念未能正確表達因果關係的結構，自然也難以用來解釋自由意志的可能性。

王　其實這個奇怪的概念不只是未能正確表達因果關係的結構，而且是提出一種我們根本不理解的所謂「因果關係」。我們所理解的因果是事件（events）之間的關係，因是事件，果也是事件；但所謂「能動者因果關係」裏的因卻不是事件，而是實體（entity），即做出行為的人。平時我們說某某人是某件事的原因，正如你指出，是簡化的說法，真正的意思是那人的決定或行為是有關事件的原因。「能動者因果關係」的提倡者將這種簡化的說法視為確實的描述，可是，人或能動者單單作為實體，只是存在著，如何能成為事件的因？如果這個因實際上是能動者之「動」，即他的決定或行為，那麼，這個因仍然是事件，合乎我們所理解的因果關

61　Gilbert Ryle, *The Concept of Mind* (Chicago: University of Chicago Press, 1949), 16–18.

係，但這麼一來，能動者單單作為實體便不是因了。「能動者因果關係」到頭來不但不能說明人有自由意志，反而將「自由意志」神秘化了，這不是解決哲學問題之道。

不少哲學家認為，解決這個問題的方法，不是要否定人的行為受物理規律支配和可以被預測，而是用論證來說明自由意志和決定論是相容的。我已表示過那些論證不能令我信服，但不知你又有何看法？

相容論與道德責任

劉　相容論（compatibilism）似乎是當今哲學界的主流。這種理論基本上認為某些行為，只要是符合我們的意願，而不是被迫強加於我們身上，即使它們都是由自然規律所決定，也可算是自由的。這種理論的確有別於我們一般對自由意志的期望，意味放棄了選擇做其他事情的可能性。有些學者不同意，並企圖論證即使自然規律決定了行為，我們仍有可能選擇做其他事情；然而，我不認為他們的論證是成功的。

無論如何，沒有選擇做其他事情的可能性，是否等於沒有道德責任可言呢？我認為這才是關鍵的問題。即使一個人的一切行為都是可預測和被決定了的，這些行為可以大都符合他的意願和品格；如果他出於壞品格和不良意願而做壞事，我們因此譴責甚至懲罰他，也未必沒有道理。你認為如何？

王　你這個問題不容易回答，讓我先梳理一下相容論的立場。你說的那種相容論，可稱為「古典相容論（classical compatibilism）」，那

是比較簡單的理論，明顯的不足之處是應付不了以下這類情況：某人的行為不是被迫的，而且是出於自己的意願，可是，他之所以有那意願，是由於有精神病，例如妄想症。在這類情況下，即使行為出於自己的意願，我們大都會認為那不是自由的。

後來的相容論發展得越來越複雜細緻，但始終未能消除「自由」與「被決定」之間的矛盾，或至少是兩者之不調和。因此，有些哲學家索性在討論裏架空「自由意志」這個概念，同意被決定的行為是不自由的，也同意被決定的行為並沒有選擇做其他事情的可能性；然而，像你剛才說的那樣，他們認為重要的是人是否仍然能為自己的行為負道德責任。這些哲學家進而做的，是論證即使一個人的行為不自由和沒有選擇做其他事情的可能性，他在很多情況下仍然要為自己的行為負責。這個哲學立場，有些人視為相容論之一種，有些人則認為不是相容論；但名稱不重要，重要的是這個立場是否可取。

富蘭克福 (Harry Frankfurt) 就是這個立場的大力提倡者，他的看法其實不複雜，和你剛才提出的一點有相通之處：只要一個人的行為出於他自己認同的性格和意願，他就要為該行為負道德責任，不管他有沒有自由意志，也不管他的行為有沒有選擇做其他事情的可能性。[62]

富蘭克福的理論繞過了古典相容論須要面對的「自由」與「被決定」之間的矛盾，而且能夠應付精神病之類的例子，因為他在「意願」和「性格」這兩個條件之外，加入了另一個條件，就是「認

---

62 Harry Frankfurt, "Alternate Possibilities and Moral Responsibility," *Journal of Philosophy* 66 (1969): 829–839.

同 (identification)」：一個人須要負道德責任的行為，除了出於他的性格和意願，這些性格和意願必須是他認同的，也就是説，是他的自我認同的一部份，即出於他心目中的「我之為我」。[63] 精神病人的自我認同是混亂和不穩定的，因此不能作為道德責任的基礎。

至於我是否同意富蘭克福的看法，我暫時還不肯定，只能説它很有吸引力，但需要進一步的思考和研究，才會有較確定的判斷。

劉 我是接受決定論的，或者準確一點説，我認為即使微觀世界最終是隨機的，人腦也是完全受物理規律支配，所以我不認為人有傳統意義的自由意志。因此，我的選項只有相容論，和完全否定自由意志甚至道德責任的強硬決定論 (hard determinism)。[64] 我非常希望相容論成功，因為要放棄自由意志和道德責任的信念實在太難了；不過，即使相容論是成功的，它所能「挽救」的自由意志和道德責任，可能還是與我們的期望有距離。

我們都覺得人須要為自己的行為負責任，做了壞事應該受譴責和懲罰，做了好事值得被褒獎。這些道德反應是我們本能的一部份，是長久的演化歷史孕育出來的心理機制，幫助我們互相制約行為。然而，當我們越來越了解人的行為如何受基因、文化和環境等因素影響或決定，我們是否有需要調節這些本能的道德反應呢？有些犯下滔天罪行的人可能有非常悲慘的童年，若我們了

---

63 Harry Frankfurt, "Freedom of the Will and the Concept of a Person," *Journal of Philosophy* 68 (1971): 5–20.

64 強硬決定論一方面接受決定論，另一方面否定自由意志的存在，認為相容論是錯誤的。

解他們的成長背景，可能也會覺得他們情有可原。無論是相容論還是強硬決定論，都接受我們不單受成長背景影響，更根本是被自然規律決定；那麼，我應該相信任何人做的壞事都情有可原，任何人做的好事亦不值得褒揚。

自由意志的程度

王 説到這裏，我們始終是圍繞著決定論和自然規律來討論，而且似乎將「人有沒有自由意志？」的答案定為「有」或「沒有」，非此即彼。然而，這個問題還有另一個面向，就是即使我們假定「人有沒有自由意志？」的答案是「有」，但「有」到甚麼程度還是可以有爭議的。也許我們的確有自由意志，但在絕大多數情況下，只是以為自己運用了自由意志，其實並不是，而是受到了意識不到的因素影響……

劉 對，哲學家喜歡把問題推向極端，較少關心那些問題的具體細節，因此也會被批評為過份簡化了問題。近年的認知科學和心理學對人類作判斷和決定的機制有很多研究，發現我們自以為自由的行為也不是真的那麼自由。除了剛才提及的成長背景等因素，我們也很容易受當下的外在環境影響，例如不自覺地在暗示（suggestion）或促發（priming）的影響之下，被引導至某些判斷或決定，還誤以為是完全自主的選擇。這些心理學的「伎倆」其實無處不在，從政治上的「洗腦」到日常消費的廣告，政府和財團都試圖影響我們的判斷，操控我們的行為。人工智能和大數據的發展恐怕會令操控越來越全面，並且越來越不著痕跡。

王 其實遠遠早於當代的認知科學和心理學研究，尼采百多年前在他的著作裏已不斷提醒我們，人的行為受很多自己意識不到的心理因素或機制影響甚至決定，他因而說人沒有自由意志；但以我的理解，他的意思是，人真正運用自由意志的情況是極少的，絕大多數時候只是誤以為運用了自由意志，是錯覺而已。受尼采影響的佛洛伊德（Sigmund Freud）將這個看法發揚光大，在他的精神分析理論裏提出很多潛意識心理機制；雖然他的理論已不流行、被視為不科學，但潛意識心理機制的存在卻不容否認。

這樣看來，即使撇開決定論和自然規律不談，而假定物理世界有自由意志的空間，那空間也小得可憐。對我而言，這個結論不比「人完全沒有自由意志」來得容易接受，可以說是同樣的令人感到不安，撼動了我對人生及人際關係的根本了解。不知你有沒有同感？

劉 有啊！正如我一開始所言，人類自視為非常獨特的生物，我們的思考能力當然遠超其他生物，但這還未是人類最獨特的地方；人類自視為最獨特之處，是擁有自由意志。人工智能的思考能力可以超越人類，但若它們最終只是機器，不能獨立作選擇，沒有自由意志，它們只是比人類更聰明的工具，毋須為自己的行為負責，也因而沒有人類獨有的價值和尊嚴。

這種獨特的尊嚴似乎是非常內在的，不受外在的環境限制。例如面對逆境或強權時，我們有時會自我鼓勵，告訴自己即使肉身可被監禁、行為可被限制，但至少意志可以不屈、信念可以不死，這種內心的堅持似乎是誰也不能奪去的。哲學家喜歡用古希臘的薛西弗斯（Sisyphus）神話來解釋人的存在處境，以及其獨有的尊嚴。薛西弗斯被宙斯（Zeus）懲罰，要將一塊巨石推上高山，

當快將到達山頂時巨石又會滾下山去，薛西弗斯被迫不斷重複推石上山的行動，永無休止。薛西弗斯雖然不能逃離這種永恆的懲罰，注定永遠徒勞無功，但他有控制自己意念和態度的自由。他可以垂頭喪氣地推石，但也可在了解不可抗逆的命運之後，選擇否定甚至是蔑視的態度。卡繆（Albert Camus）在其《薛西弗斯的神話》（Le Mythe de Sisyphe）還豪情壯語地宣稱：「沒有不能透過蔑視來克服的命運。」[65] 因此，外在的強權好像只能懲罰薛西弗斯的肉身，而不能折服其心靈和意志、奪去其尊嚴。

　　然而，若我們了解人類的思想和意志是如何輕易地受外在條件所影響和操控，薛西弗斯的神話可能有更令人不安的演繹。例如薛西弗斯可能患上斯德哥爾摩症候群（Stockholm syndrome），[66] 變成認同宙斯的懲罰，並覺得自己活該。假如宙斯是個虐待狂，他可以運用眾多心理學技巧，嘗試操控薛西弗斯的思想，磨滅了他的蔑視態度，令他不斷懷疑自己，變成自暴自棄、自怨自艾。如果這些方法不奏效，宙斯還可化身成超級腦神經科學家，打開薛西弗斯的頭顱，改動他的腦部結構，令他有不同的記憶、思想和意念，因而不再了解自己的命運，甚至變成蔑視自己。若意志也能被操控，人類好像連最後的堡壘也失守 —— 連最內在、最獨特的尊嚴也失去。這大概是令人更感不安的原因吧。

65　"There is no fate that cannot be surmounted by scorn." Albert Camus, *The Myth of Sisyphus*, trans. Justin O'Brien (New York: Vintage Books, 2018), 121.

66　斯德哥爾摩症候群是心理現象，指受害者產生一種情結，因而對加害者產生同情或認同，甚至反過來協助加害者；稱為「斯德哥爾摩症候群」，是因為這種情結首先在一次瑞典斯德哥爾摩發生的銀行劫案中被觀察到，當時被挾持了數天的幾位銀行職員，後來反而對劫匪產生同情和憐憫，不但拒絕為警方作證，還為劫匪籌募訟費。

王　聽你這樣説，恐怕不能不悲觀，要接受「人是不由自主的」這個
　　結論了。這悲觀的結論看來是我們經過一番客觀理性的討論後所
　　達致的，但諷刺的是，如果我們接受這結論、抱持這悲觀態度，
　　那很可能是受到一些自己意識不到的心理及外在因素影響。因
　　此，這番討論只是表面的活動，那些隱藏的因素才是主因；甚至
　　連我們「決定」討論這個問題、「決定」寫這本書，其實也不是自
　　主的！你真的能接受自己是活在這樣的一個世界嗎？

　　　　不過，假如人不是完全沒有自由意志，而只是我們有的自由
　　意志受到心理和外在因素影響，因此真正出於自由意志的行為少
　　之又少，那麼，我們也不一定要徹底悲觀。也許有方法可以抗衡
　　那些心理和外在因素，即使不能完全擺脫，至少能逐漸擴闊自由
　　意志運用的範圍。另一方面，了解到人在運用自由意志時的種種
　　限制，我們便能基於這個了解而對別人的不當行為比較寬容，也
　　不會對自己的良好行為過於自豪，這個待人待己的態度也許較容
　　易讓人過心境平靜的生活。這是從悲觀中擠出的一點樂觀。

劉　倘若自然規律決定了一切，則誰也沒有自由意志，那麼那個虐待
　　狂宙斯自己也不是自由的。考慮到這點，我們對宙斯自然也容易
　　寬容一點。可是，根據同一道理，那些歷世歷代的偉人，即使他
　　們是為了多麼崇高的理想，忍受了多少苦難折磨，也就變得沒有
　　那麼值得尊敬了。倒是這一點，我覺得最難接受。

　　　　不過，我們也討論了很久，可以就此收結吧。

王　好的。

運氣有多重要？

「運氣」是一個大多數人都會運用的概念，主要是用運氣的好壞來理解自己以及他人的整體人生或個別經歷；可是，一般人的「運氣」概念是含糊不清的，尤其是因為其中涉及一些雜亂的迷信思想。其實，「運氣」這個概念是可以釐清的，並且可以分類；經過釐清和分類後，我們便可以合理地評估運氣在我們的人生路上所起的作用。根據這樣的評估，運氣的作用是巨大的，很多時候甚至是決定性的。認識到運氣的巨大作用後，我們對於應該如何看待人生的起跌和成敗得失，也許會有一番新體會；這番新體會，說不定就是一種人生智慧。

劉　自由意志經常被視為與決定論互不相容，但否定了決定論也不見得就能證明有自由意志和道德責任。我們上次也有提及，某種主流量子力學的解釋否定了決定論，取而代之是接受微觀世界的現象最終是隨機的。然而，倘若構成我的一切最終是隨機的，那就更加沒有道德責任可言；而且這不僅限於道德領域，若我的性格、行為和際遇都是隨機的結果，那麼我的所有成敗得失也不能歸功或歸咎於我，只能說是我的運氣好或運氣差而已。

　　這樣說好像很籠統，但單看每個人的基因，就已經知道運氣有多重要了。雖然我的基因源自我父母，但他們的哪些基因組合出我的基因，根本就是隨機的；而我的基因很大程度上決定了我的外貌、性格、智力等，所以我最終成為了一個怎樣的人、有甚麼成敗得失，也不過是運氣的好壞而已。你同意這種說法嗎？

「隨機」與「運氣」的意思

王　可不可以先解釋一下你說的「隨機」是甚麼意思？

劉　這個問題不容易答啊！「隨機」大致上是「偶然」的意思。當我們說某些現象是隨機的，這表示有多於一種可能性，而又沒有原因完全決定哪一種可能性會出現。這是「隨機」的基本要求，但有時可能會有額外要求，例如那些不同的可能性要符合某種概率分佈。

王　確實是難答的問題，因為在學術討論和在日常對話這兩種不同的脈絡裏，「隨機」的意思可以有重大分別；而在學術脈絡裏的意思，也要看用這個詞語的人是否接受決定論 —— 如果接受決定論，說的「隨機」便只是指「就我們所知而言，有多於一種可能

性，而且無從準確預測結果」；如果不接受決定論，那就是客觀上有多於一種可能性。

　　不過，我提出這個問題的真正用意，是質疑「運氣」是否須要透過「隨機」這個概念來理解。我認為是不須要的。

　　在我進一步解釋之前，我要先肯定一點。我相信你跟我一樣，對「運氣」的理解都不關乎任何神秘力量，例如甚麼「神的安排」或「冥冥中注定」，即我們說的「運氣」跟命定論 (fatalism) 無關。[67] 我說得對嗎？

劉　對。

王　好。那麼「運氣」只是用來形容發生在我們身上的事，有些我們會形容為「運氣好」，有些則會形容為「運氣差」，但更多的是根本不會用「運氣」來形容，例如今天早上我收到一封學生問功課的電郵。我們形容為「運氣好」的事，我們同時視之為「好事」；形容為「運氣差」的，則同時視之為「壞事」。

　　在這個意義下的「運氣」，根本不必講「隨機」。即使決定論是對的，並且因此沒有任何事情是隨機的，一個出生於極貧窮國家而有先天殘疾的人仍然可以恰當地被形容為「運氣差」。甚至乎即使我們有能力準確預測未來，我們仍然可以應用「運氣」這個概念——假如我能夠準確預測你會平平安安、健健康康、衣食無憂地活到九十歲，我可以根據我的預測說你運氣真好。

67　哲學裏的命定論，比一般人對所謂「命運」的看法嚴謹得多；根據命定論，所有發生的事情都是無可避免的，不管那是雞毛蒜皮的小事還是影響深遠的大事。命定論又可分為邏輯命定論 (logical fatalism) 和神學命定論 (theological fatalism)，前者訴諸命題的邏輯性質，後者則基於對神明或神秘力量的信念。

劉　在這種日常法中，要稱得上運氣好，主要有兩個條件：一、那些好事在相類情況中是少數，亦即機會率較低；二、那些好事主要並非源自自己能控制的條件。運氣差的條件也一樣，只不過那些是壞事而非好事而已。平安健康活到九十歲可以是運氣好，但隨著醫療等科技的進步，當社會上絕大部份人都健康長壽，那麼我們會視這種好事為理所當然，而非運氣好。另一方面，若你是少數能健康長壽的人，但假如這並非由於你剛好有良好的基因或際遇，而是因為你極有紀律的生活和飲食習慣，例如好像你那樣每天都健身運動，那麼我們也不會說你是運氣好。不是嗎？

王　我同意你對「運氣好」與「運氣差」的理解。不過，即使現代醫療技術和設備先進，要健健康康活到九十歲也不容易，很多人到七十多歲身體已有不少毛病，甚至有長期病患；至於平平安安，則不止是健康的事，還要沒有意外，即是你說的「並非源自自己能控制的條件」；如果再加上衣食無憂，那很明顯是好運了。

運氣好壞的主觀成份

　　然而，評估運氣並沒有清楚客觀的標準，一方面有主觀的成份，另一方面有程度之分和模糊地帶。先說程度之分。運氣好壞的程度，取決於兩個因素：事情發生的機會率和事情好壞的程度。發生機會越低而事情越好或越壞，那麼運氣便越好或越差。當然，這不是準確數學，由於有兩個因素，有時難以判斷，因而有模糊地帶，例如發生機會不太低但是極好的事，與發生機會極低但只是一般好的事，兩者哪個情況是運氣較好，也許沒有所謂正確的答案。

　　　至於主觀的成份，有「判斷」和「敏感度」兩方面。對事情好壞的判斷有主觀成份——我認為對我好的事，如果發生在你身上，你未必認為好。這與個人的性情、經歷、品味、價值觀等有關。「敏感度」指的是對發生在自己身上的好事或壞事的反應和感受程度——越敏感，反應和感受便越深，於是便越容易感到自己是運氣好或運氣壞。不同的人有不同的敏感度，所以說是主觀的。

劉　運氣好壞的確有些相對性，但我不認為運氣是主觀的。若有人敏感度低，只是他不知道或感受不到自己運氣好或壞而已，他的運氣如何，卻不受他的主觀認知影響。至於在你身上的好事，發生在我身上未必也是好事，這當然是對的；而且即使是在我身上，某件事是好是壞，也要視乎我們考慮該事情的多少後果。正所謂「塞翁失馬焉知非福，塞翁得馬焉知非禍」，只要我們考慮多幾項後續的後果，則好事可以變壞事，壞事又可以變好事。然而，這都只是有關好壞的相對性，與那種好壞是否源自運氣無關。

　　運氣本身有其獨特的相對性，取決於我們把哪些事情視為相關的對比。假如我們的孩子那一代人真的絕大部份都健康、平安地活到九十歲，那麼，如果我們的孩子也是如此，那並不算幸運。然而，若我們考慮人類的數十萬年歷史中，只有極少數人能這樣健康長壽，那麼我們的孩子以及他們整代人都可說是幸運的。不過，假如人類將來還有數十億年歷史（這應該不太可能），而且所有人都越來越健康長壽，那麼其實只是最初數十萬年總體上屬少數的人類運氣特別差，而非絕大部份還未出生的人運氣好。說某些事情是「運氣好」或「運氣差」，表示那些事情是屬於少數，但只有假設了某一特定的對比群組，才有所謂屬於少數、

平均還是多數可言。對於怎樣才算適當的對比群組，我們可能都有些直覺的想法，甚至可以有共識，但我認為嚴格而言很難有客觀的標準，通常也不存在唯一或最適當的對比群組。除非某種事情怎樣看也是極其罕有的，否則所謂運氣好或差，都是相對於某個特定的對比群組；換了另一個對比群組，原本看來是運氣好或差的情況，都可能變成尋常不過的事情。

王　我說的「主觀」，意思不是只要一個人認為自己的運氣好，那麼他就是運氣好，他認為差就是差。我說的「主觀成份」，指的是追求的東西、人生計劃、生活品味等等，這些都是因人而異的。打個比方，「有口福」很明顯有主觀成份；如果我喜歡吃鮑魚，而你卻討厭這種食物，今天有人請我們一起吃昂貴的網鮑，那麼今天便是我有口福，你沒有。運氣也是在這個意義下有主觀成份。舉個誇張的例子：得到一筆意想不到的巨大遺產，對很多人來說都是運氣好的事，但假如我痛恨金錢，一心過苦修的生活，那樣的事發生在我身上便不是運氣好，而是無端而來的煩事。

　　你說的運氣相對性，我是同意的。我說的主觀性，經過解釋後，你是否仍然不同意？

劉　那麼我同意運氣好或差有主觀成份，而主觀成份在於認為甚麼是好還是差的，那關乎價值觀和價值判斷，可以因人而異。可是，構成運氣的那兩個條件，即那些事情出現的機會率低，以及不在自己控制範圍之內，卻是客觀的。

王　是的。因此，雖然判斷運氣好壞並沒有清楚客觀的標準，但說一個人運氣好或運氣差，是有事實可言的。換句話說，如果我認為某人在某件事情上運氣好，你不同意，認為他是運氣差，不可能

我們的看法都對；我們之間最多只有一個是對的，但有可能兩人
都錯，即那人既不是運氣好，也不是運氣差。

成功、失敗與對運氣的看法

這裏有一個有趣的現象：不少人在由於運氣好而成功時，往
往否認或至少試圖淡化運氣這個因素；但當他們由於運氣差而失
敗時，則絕少會忽略運氣這個因素，甚至誇大它的作用。這個現
象不能完全用我剛才提到的敏感度來解釋，除非我們有理由相信
人通常對運氣好的事不敏感，但對運氣差的事卻很敏感。不知你
怎樣看這個現象？或者你根本不同意有此現象？

劉　我也有同感啊！雖然我不清楚是否有研究證明我們會傾向誇大壞
運氣的影響，但有些研究的確顯示我們容易忽視或淡化好運氣的
重要性，例如有心理學家曾在你母校柏克萊加州大學做過一個有
趣的實驗。[68] 他們邀請了一些人參加一個大富翁遊戲，但改動了
遊戲規則，令其中一方有系統性的優勢，例如每走一圈會獲得雙
倍的「金錢」，而且可多擲一粒骰，因而在遊戲中走得更快，得到
更多的機會。參與者被隨機地分為有利和不利的兩組，有利的一
方基本上必勝無疑。有趣的是，當有利的一方在遊戲結束後，被

68　Paul K. Piff, D. M. Stancato, S. Côté, R. Mendoza-Denton, and D. Keltner, "Higher Social Class Predicts Increased Unethical Behavior," *Proceedings of the National Academy of Sciences* 109 (2012): 4086–4091. 可參看：Paul Piff, "Does Money Make You Mean?," *TEDxMarin*, October 2013, accessed September 4, 2021, https://www.ted.com/talks/paul_piff_does_money_make_you_mean。

問及他們得勝的原因時，他們大都強調自己「投資」有道、買了
那些寶貴地段等等，反而忽視了真正的決定性原因，就是他們好
運地被賦予極為有利的規則。另一點更有趣的是，當他們在遊戲
中越來越「富有」和成功時，他們的態度也隨之變得越來越囂張，
好像反映他們為自己的「成就」感到十分自豪。

　　我們的社會可能是個更不公平的大富翁遊戲，成功者往往以
為自己主要是基於努力或才能而致富或獲得其他的成功；但事實
上，社會處處充斥著不公平的因素和規則，而且還會惡性循環，
不幸的一方貧者越貧，幸運的一方富者越富。你說不是嗎？

王　這令我想起美國著名散文家懷特(E. B. White)說過的一句話：「運
　　氣這東西，不是你可以在白手興家的人面前提及的。」[69] 其實世
　　上哪有真正白手興家、完全依靠自己而成功的人？所有成功人
　　士，無論多麼有才能、多麼努力，都不會是單憑才能與努力而獲
　　得成功的，而是必定依賴一些偶然的因素；這些偶然的因素中，
　　有些發生的機會很低或至少不高，而且帶來發生機會很低的好後
　　果，也就是我們說的運氣好了。

　　越難得到的成功，便越明顯要依賴好運氣。這大致有兩類情
況。第一類難得到的成功，難在需要很多條件的配合，只要欠缺
其中一個條件，便會失敗；由於單憑一個人的才能和努力並不保
證能滿足所有這些條件，因此成功者必然是靠了運氣。第二類難
得到的成功，難在競爭太大，即是有很多人都符合條件，但最

69　"Luck is not something you can mention in the presence of self-made men." E. B.
　　White, *One Man's Meat* (New York: Harper & Row, 1983), 273.

後成功的是極少數；結果誰成功，便取決於這些成功條件以外的偶然因素，這也是靠了運氣。

　　成功的人通常會認為自己的成功主要是靠才能和努力，會淡化甚至否認是運氣好，那應該是因為他們確實有才能和付出過莫大的努力；既然是有才能和很努力，那自然覺得自己的成功是應得的，而這個「應得」的感覺或了解會蒙蔽他們，令他們看不到運氣的重要角色。這是個很自然的心理。

　　其實對於失敗而怪自己運氣差的人，也可以提出一個對應的解釋，或至少有不少例子可以這樣解釋，那就是失敗的人有才能和付出過莫大的努力，卻依然失敗，因而認為自己的失敗是不應得的。正是由於這個「不應得」的感覺或了解，他們很容易便看到運氣的作用。比較難解釋的是另一類失敗的人，他們才能不高，亦不夠努力，因而失敗，但仍然相信自己是因為運氣差才失敗。這類人應該不會太多吧！

劉　恐怕也不少，怨天尤人是很普遍的心理啊！而且你也知道有一種認知偏差稱為「鄧寧－克魯格效應（Dunning-Kruger effect）」，就是能力不高的人往往沒有自知之明，容易高估自己，反而能力較高的人相對地會有多一點的自我懷疑，對自己的能力作較保守的估計。[70]

70　Justin Kruger and David Dunning, "Unskilled and Unaware of It: How Difficulties in Recognizing One's Own Incompetence Lead to Inflated Self-Assessments," *Journal of Personality and Social Psychology* 77 (1999): 1121–1134.

運氣的作用有多大？

　　在很多領域要有成就，明顯地都需要運氣，例如世上那麼多優秀的演員和歌手，最後哪些能成功和成名，很大程度上都是因緣際遇。我們工作的學術界表面看來好像較講求實力、較少運氣成份；但我們十分清楚學術界競爭非常大，想找一個終身教席越來越困難，因此，要在學界立足也有相當的幸運成份。我經常覺得能力比我高、而求學和研究比我努力得多的人比比皆是，但他們的事業發展很多沒有我般順利，所以我自覺運氣很好。你剛才提及兩類難以得到的成功，其實完全適用於學術界。

王　對，現在要在大學找到教席，真是難乎其難；在美國，一所普通的州立大學招聘助理教授，等閒有超過二百人申請，其中大部份申請者都來自頂尖學府。至少在人文學科是這個情況。因此，我也覺得自己十分幸運，雖然我自問十分努力，而且相信自己在哲學方面有點天份。

　　說到天份，其實何嘗不是運氣使然？顧名思義，天份是天生而有的，主要是由基因決定。這一點你在開始時已提過，雖然你用的例子是外貌、性格、智力等，而不是特殊的天份，但其中的道理是一樣的。假如我沒有哲學天份，無論我多麼努力，也無法達到現在的程度。如果用我自己做例子欠缺說服力，那可以用大哲學家為例，沒有維根斯坦或尼采的天縱奇才，無論多麼努力，也不可能思考出他們那樣深刻的哲學來。

　　然而，我認為視努力為純粹後天的，也不妥當，因為一個人會否努力、如何努力、努力到甚麼程度，都取決於他天生的氣質性情和各種自然傾向；如果不是「取決於」，至少也是很大程度上

受到這些因素影響。讓我再舉一個個人的例子：「持之以恆」對我來說是很容易的事，因此我能做到三十多年來天天做肌肉鍛煉和有氧運動、練太極拳；幾年前決定重新彈鋼琴後，我做到天天練琴30分鐘。你說我的持之以恆是後天努力，還是得到先天條件的幫助？我認為兩者皆是。

劉　哈哈，我真的剛好相反。我年青時每逢新年都會煞有介事地立些志願，例如要早睡早起、減少看電視等，但通常實行不了幾天就開始鬆懈，結果不能堅持下去；後來，我索性放棄了新年立志。我以前看你的網誌，經常驚訝為甚麼你能每天都做那麼多事情，而且持之以恆，我自問如何「努力」也望塵莫及。

　　對，不單各種才能基本上是天賦的，其實性格、恆心、毅力等也一樣，很大程度上由基因決定，所以最終好像也是運氣使然。然而，這樣我們便得面對一個難題：試想，若有人是中了大彩票而致富，我們會認為他只是運氣好；若有人是個生於大富之家的二世祖，他能擁有財富也只是幸運，沒有功勞可言；可是，若有人天生才智過人，而他運用才能致富，我們就不會認為他的成功是幸運而已，尤其是當這個人又是極其刻苦努力時，我們更會認為他完全值得擁有那些成就。問題是，那人能擁有過人的才智和毅力，最終也是運氣使然。既然如此，我們為甚麼會認為他的成就不是幸運，有別於中彩票和二世祖的「成就」呢？還是我們應該修改常識的想法，接受一切成敗得失最終也不過是運氣使然呢？

王　問得好。我不認為一切成敗得失完全是運氣使然，不過，我相信運氣的作用巨大，至少比一般人以為的大得多，大到一個程度，

以致我認為我們沒有理由將個人成就主要歸功於自己，也沒有理由為個人失敗負上最大責任。

為甚麼成敗得失不完全是運氣使然？因為雖然個人的努力受先天條件影響，但不見得完全沒有自由發揮的空間。讓我以努力和成功的關係來説明。先天條件令某些努力來得較容易，可是，在實際情況裏決定是否努力時，多少還是會遇到須要克服的困難和障礙。例如我的天生條件X、Y、Z令我做事容易持之以恆，因而得到某方面的成功；但這不表示我不會有時也有掙扎，例如有一天突然想躲懶不做運動，經過內心交戰才決定「還是做吧」。這個內心交戰的正面結果不是X、Y、Z所能保證發生的，因為X、Y、Z只是令我做事比較容易持之以恆，卻不保證我在所有情況下都能做到持之以恆。事實上，有時我的內心交戰結果是決定躲懶，只不過大多時候是決定不躲懶，所以結果整體而言仍然是持之以恆做運動。此外，有些事情我是做不到持之以恆的，例如學習德文。因此，做到持之以恆，我自認有少許功勞。

然而，即使我有點功勞，這不是成功的主要因素，只有輔助作用；如果我算是有甚麼成功，那成功也不應主要歸功於我自己；我看待個人的失敗也是根據同樣道理，不會因失敗而一味自責。這樣看待成敗得失，好像很消極，但我反而認為有助我們建立一種健康的人生態度，令我們不那麼看重成敗得失，但又不至於令我們放棄努力。

劉　可能是這樣，但我又會想，明白運氣的重要性，對成功的人和失敗的人效果可能不一樣。成功的人或許因此不會那麼自以為有甚麼了不起，但失敗的人會否反而更容易怨天尤人，埋怨上天為何那麼不公平呢？

先天運氣與後天運氣

　　還有，不同種類的運氣效果可能也不一樣。中彩票致富的人都知道那是運氣使然，靠過人的才智和毅力致富的人就未必會認為自己的成功是幸運。雖然我認為嚴格而言，所有構成成敗的因素都不是自己能控制的，或至少不是自己能完全控制的，但後天和先天的運氣始終有分別。中彩票和得到良好基因都不是我能控制的，但後者卻很大程度上構成了我之為我的能力、性格和喜好等，所以由此而來的成功比較能歸功於我這個人；中彩票而來的成功則與我幾乎沒有任何關係，而二世祖就好像介乎兩者之間。

王　除非運氣是神祇或某種神秘力量的安排，否則運氣差只是事情如此這般發生，也許有理由埋怨涉事的一些人，但並沒有「天」可以怨。當然，由於運氣差而替自己不值，正如由於運氣好而感到慶幸一樣，是人之常情。我剛才只是說，明白到運氣作用之大，可以幫助我們不那麼看重成敗得失，但事實上能否做到，那要看個人的反省；能做到的，已是修養的結果。

　　你說的先天和後天運氣，是重要的分別。用英文詞彙來說明可能比較清楚，先天的運氣是 constitutive luck，而 "constitutive" 指的就是構成我之為我的先天因素；"constitutive luck" 可以譯為「構成式運氣」吧。後天的運氣又可分為 circumstantial luck 和 resultant luck，前者指的是由於環境或處境不同而較容易或較困難有好事發生，例如生於富有家庭；後者指的是行為的結果本身就是運氣的好壞，例如買彩票而選的數字全中。"Circumstantial luck" 和 "resultant luck" 可分別譯為「處境式運氣」和「結果式運氣」。

　　你好像認為一個人應該對自己由於構成式運氣而有的成敗負責，是嗎？

劉　正如在討論自由意志時，我也有表示我不太肯定是否有道德責任可言；但如果我們是有自由意志和道德責任的話，我們須要負責的，就是那些合乎我們性格、目的和意願的行動。同理，若有些事情的成敗得失是我須要負責的，應該就是那些由我的性格、能力和喜好而得到的成敗。你說不是嗎？

王　好，為方便討論我接著提出的問題，我們就撇開構成式運氣不談，假定那些由性格、能力和喜好而有的成敗，可以歸功於成功者和歸咎於失敗者，或者至少在運氣的作用不那麼大的情況下，可以這樣歸功和歸咎。

　　然而，這是否表示，如果成敗主要是處境式運氣或結果式運氣所致，成功者或失敗者便不須要負責？我猜你會答「是」，而我也大致贊同，即我剛才說的，我們沒有理由將個人成就主要歸功於自己，也沒有理由為個人失敗負上主要責任。可是，這裏說的成功和失敗，指的是事業和大大小小的計劃或目標，而處境式運氣及結果式運氣的影響遠不限於事業或計劃的成敗。

道德運氣

　　道德哲學裏有個題目叫「道德運氣（moral luck）」，討論的正是：判斷行為在道德上的好壞，是否應該考慮運氣這個因素。[71]

71　當代英美哲學裏最先明確地討論「道德運氣」這個問題的是威廉士（Bernard

讓我舉個道德運氣的例子，是真人真事；更準確地說，這是個在道德上經歷結果式壞運氣（resultant bad luck）的例子。二十多年前，美國佛羅里達州有三個人，全都是二十歲左右，抱著惡作劇的心態在深夜偷去了一個馬路交界的停車標誌（stop sign）。那是鄉間小鎮的路，平時很少車經過，但停車標誌被偷去後的第二天，一輛私家車在那個本來應有停車標誌的馬路交界被一輛貨櫃車攔腰撞個正著，引致私家車內三名少年死亡。案發後，偷停車標誌的三個人很快被捕，原來他們先後偷去的停車標誌共19個之多，但只有這一次偷竊引發意外。最後三人都被判入獄15年，不但害死三位無辜少年，還毀了自己的青壯歲月。我們可以說這三個惡作劇者運氣差，因為那件死亡事故發生的機會很低——那裏很少車經過，而路牌被偷後應該不久便有人發覺；還有，如果撞著私家車的不是貨櫃車而是另一輛私家車，以鄉間小路的車速，應該不會引致死亡。[72]

問題是，如果我們認為死亡事故是三個惡作劇者的結果式壞運氣所致，我們是否便應該認為他們不用負責？至少陪審員和法

Williams）和內格爾（Thomas Nagel）。Bernard Williams, "Moral Luck," *Proceedings of the Aristotelian Society*, Supplementary Vol. 50 (1976): 115–135; Thomas Nagel, "Moral Luck," *Proceedings of the Aristotelian Society*, Supplementary Vol. 50 (1976): 137–151. "Constitutive luck"、"circumstantial luck" 和 "resultant luck" 的分別是內格爾提出的；他提出了概念上的分別，但文字上只用了 "constitutive luck" 一詞。除了這三者，內格爾認為還有一種運氣，是在行為或行動的原因上運氣好或運氣壞，可稱為「原因式運氣（causal luck）」；由於原因式運氣難以跟決定論分開討論，這裏略而不談。

72   Donald P. Baker, "3 Who Stole Traffic Signs Sentenced to 15 Years," *The Washington Post*, June 21, 1997, https://www.washingtonpost.com/archive/politics/1997/06/21/3-who-stole-traffic-signs-sentenced-to-15-years/14c0a68c-e8fd-42ba-881c-454f442a27f8/.

官都不是這樣看。其實，就算法庭判他們無罪，相信大多數人都會認為三個惡作劇者要負上道德責任。

劉 我傾向認為應該把法律與道德責任分開討論，法律責任有道德責任的成份，但也會考慮嚇阻作用等因素，所以偶然的環境因素也可在考慮之列。雖然惡作劇者沒有令人致死的意圖，偷停車標誌也甚少引起致命意外，但那宗惡作劇的確是致命意外的主要成因，所以把他們嚴懲也是合理的。正如當人在購買彩票的一刻，沒有任何一張彩票有任何理由配得那些獎金(除非有人能預知結果)；任何一張彩票中了，都是純粹的幸運，但在彩票的制度下，購買該彩票的幸運兒，就配得他原本不配得的獎金了。我不是說法律責任與中彩票得獎金的邏輯完全一樣，但法律責任有些制度性考慮，是道德責任所沒有的。

至於道德責任，因為我根本不肯定是否有自由意志，我是整體地存疑的，雖然我還是傾向認為是有的。無論如何，我認為道德責任不應考慮結果式運氣。該惡作劇的道德責任應該主要是偷竊和破壞的責任，然後再考慮該惡作劇導致嚴重事故的機會率，計算相應的責任。換言之，假如是偷去繁忙馬路交界的停車標誌，由於導致意外的機會率極高，就算剛好幸運地沒有導致意外，這個行為的道德責任，比起上述例子中的道德責任可能還要重。我覺得這樣的判斷大致上符合我們的道德直覺。對於那幾個惡作劇者，我的反應主要是感到不幸和可惜，而非厭惡或譴責；同時我又會想到其他惡作劇者，覺得他們沒有導致意外只是走運，他們其實也應負上類似的道德責任。

深入思考道德責任與運氣的關係

王 讓我再舉一個例子，這是想像的，不是真事，看看你是否仍然認為道德責任不應考慮結果式運氣。假如A和B各自意圖謀殺C，用的方法都是買兇殺人。他們同一天分別去找殺手，各自很順利找到個手法俐落的一流殺手；兩個殺手湊巧同時在不同的暗角遠距離向C開槍，但B僱用的殺手那天罕有地槍法失水準，射不中C，而C結果被A僱用的殺手射殺了。B沒有成功做出謀殺的壞事，純粹是結果式好運氣（resultant good luck）所致。為了不考慮法律問題，這故事裏的謀殺案沒有被偵破，A逍遙法外。你認為A和B對C的死亡在道德責任上有沒有分別？

劉 法律上，這是謀殺與意圖謀殺之別；但道德責任上，我直覺認為兩者沒有分別啊！

王 「沒有分別」的意思是，B跟A一樣，都要負很大和同樣大的道德責任？如果你是這個意思，我相信很多人——包括我——都不贊同，而認為A的道德責任大得多。如果我將例子稍為改寫，便會變成處境式運氣的例子，看看你會否有相同的直覺。

在這個新版本裏，A的情況一樣，不同的是B。B仍然有意圖謀殺C，仍然是打算用買兇殺人的方法，但這裏的所謂「意圖」，只是一個心裏的決定，沒有付諸實行，那是因為B作了這個決定後，突然得了急性盲腸炎，要入醫院做手術，根本沒有機會去找殺手。等到B出院，C已被A僱用的殺手殺死了。B沒有謀殺C，純粹是處境改變所致，他殺人之心並沒有改變。你不會認為在這情況下，B跟A負同樣的道德責任吧？

劉　這就不一樣了。心裏的決定始終還未是行動，很多情況下 B 仍可能改變主意，所以我認為 B 的道德責任遠不如 A。我對 B 的兩種情況有不同的道德直覺，但不肯定這是否由於處境式運氣與結果式運氣的差別。其實，為甚麼因為生病而殺不到人是處境式運氣，而因為殺手槍法失水準而殺不到人則屬結果式運氣呢？

王　我本來以為剛才簡單的解釋再加上買兇殺人的例子，已清楚顯示出處境式運氣和結果式運氣的分別，現在看來還是要闡明一下。

　　讓我看看能不能給一個概述式的說明……如果做的事情其中一個可能的結果發生機會偏低，甚至很低，卻竟然發生了，那便是結果式運氣；至於是好運氣還是壞運氣，當然要看發生的是甚麼事。「一流殺手槍法失水準殺不到人」這個結果發生機會低，所以是結果式運氣；而就道德而言，這是好事，所以 B 是道德上幸運（morally lucky）。

　　如果所在的處境發生機會偏低，甚至很低，卻竟然發生了，而由於身處這個景況，以致做到本來做不到的事，或做不到本來做到的事，那便是處境式運氣；至於是好運氣還是壞運氣，當然也要看發生的是甚麼事。「突然得了急性盲腸炎入院」這個處境發生機會低，而這個處境引致買兇殺人的計劃不能實行，所以是處境式運氣；就道德而言，這是好事，所以 B 在這個情況下也是道德上幸運。

　　這樣解釋夠清楚嗎？

劉　那麼看來，結果式運氣是有關已作出的行動是否達致預期的效果，而處境式運氣則有關具體處境是否會導致或容許作出已決定了的行動。行動是否已經作出是個重要因素，因此我認為兩種運

氣相應的道德責任也有分別，這大致上符合我對 B 在上述兩種情況下的道德直覺。

王　讓我綜合一下你剛才說的幾點。你認為如果已作出行動，便要為行動負道德責任，無論行動的結果怎樣；因為 A 和 B 同樣是買兇殺人，他們便負有相同的道德責任，即使 B 的行動由於運氣而沒有引致 C 的死亡。這類情況涉及的運氣是結果式運氣，而你的看法是道德責任不應考慮結果式運氣。

另一類情況是由於處境式運氣而沒有行動，你認為既然沒有行動，便不須為可能、但沒有發生的預期結果負道德責任。可是，從你的這個判斷，我仍然不肯定你是否認為道德責任應該考慮處境式運氣，因為你指出的「不須負道德責任」的理由是「沒有行動」，而不是「因處境式運氣而沒有行動」。另一方面，如果你考慮的只是「沒有行動」，那麼，在上述例子裏，無論 B 的「沒有行動」是否處境式運氣所致，我們對 B 的判斷都同樣應該是「不須負道德責任」。其實，處境式運氣不一定引致沒有行動，也可以引致行動，而根據你剛才說的行動與道德責任的關係，無論行動是否基於處境式運氣，如果做出來了，便要為行動的結果負道德責任。

這樣看來，你的看法其實是一致的，就是道德責任不應該考慮結果式運氣，也不應考慮處境式運氣。

劉　我認為有些情況是須要考慮處境式運氣的。我的立場可簡化為這樣：道德責任主要是考慮動機和行動。基於明確動機而作出的行動一旦作出了，後果如何也不太會影響道德責任，所以結果式運氣大致上並不相干。動機和行動都可以受處境式運氣影響，處境式運氣所產生或防止的動機和行動，可影響道德責任的計算。

　　然而，責任是有程度之別的。若某些動機和行動是源自某人的本性，那麼他就要負大部份責任；若那些動機和行動並不符合那人的本性，而主要是由處境式運氣使然，則他要負的責任較少。還有，一個行動可以有很多個步驟，處境式運氣可以只影響某些步驟，而非整個行動。因此，我認為道德責任是受處境式運氣影響的，但可以有很多不同程度的影響，而非簡單截然二分。

結果式運氣與事業成敗

王　現在看來，你的立場好像有點不一致，尤其是涉及結果式運氣時。在事業方面，你認為如果一個人的成敗取決於結果式運氣，他便不須要為成敗負上主要責任；可是，在道德方面，你卻認為即使一個人是否做出壞事取決於結果式運氣，他的道德責任不會受影響，因為道德責任是由動機和行動來決定的。

劉　應該沒有不一致吧。每個行動有它合理的預期後果，若因為結果式運氣，合理預期的後果沒有出現，我也認為該行動的道德責任基本上應該按預期後果來計算，而非根據巧合的真實後果。在事業方面，我認為是一樣的：一個人若有能力有計劃地努力工作，他就配得擁有相應的成就和財富；若他因為結果式壞運氣而未能成功，這也無損他「配得成功」的事實。同理，若 B 用可靠的方法買兇殺人，其合理預期後果就是令 C 致死；若 B 只是因為結果式運氣而謀殺失敗，也難逃道德責任。

　　讓我簡單綜合我的看法：我們一般認為毋須為運氣所致的結果負責任，因為運氣是我們不能控制的事情。不過，嚴格而

言，沒有任何事情最終是我們可以控制和負責任的，因為我們的出生和基因都不在我們控制之內，都可歸咎運氣。因此，我們應該把「運氣所致而不須負責」這個概念收窄一點，至少把源自構成式運氣的事情歸入須負責的範圍；雖然性格和能力等很大程度都是運氣使然，但性格和能力可謂構成了我之所以為我的本性，因此我們須要為源自這些本性的道德實踐和事業成敗負責任。雖然處境式運氣並不如構成式運氣那樣構成了我之所以為我的本性，但也會影響人的動機和行動，因此我認為我們也須為受處境式運氣影響的道德實踐和事業成敗負上一定程度的責任。至於結果式運氣，則是完全外在於我的因素，因此無論是道德實踐還是事業成敗，若主要是源自結果式運氣，我認為我們沒有甚麼責任可以負。

王　清楚很多了，但我還有一個疑問。我曾經指出，越難得到的成功，便越要依賴好運氣；現在看來，這樣的運氣往往是結果式運氣。例如我當年向大學求職，競爭激烈，競爭者與我條件相若的不少，我得到教席是結果式運氣所致。根據你的看法，我不應該認為得到教席是自己的功勞；假如我求職失敗了，由於我已付出最大努力，而且有相應的能力，我便「配得成功」，因此也不須要為自己的失敗負責。我們所處的社會競爭激烈，事業成敗很多時候都是結果式運氣所致；這樣一來，大部份人對自己的事業成敗都不須負責了，至少在我們所處的社會是這樣。你同意嗎？

劉　大學求職確實有一定的幸運成份，但通常也不至於太離譜。沒有足夠能力和努力的人，找到教席的機會甚低；若有人真的單憑運氣找到教席，那人當然並不配得成功。問題是，有足夠能力和努

力的人比教席的空缺多得多，結果得到教席的可説是幸運，得不到教席的也不須為失敗負責。若一個學者的事業發展就是取決於一次教席申請，那麼事業的成敗的確很大程度是結果式運氣所致。然而，一次申請便得到教席的，在學術路途上還要面對很多挑戰；得不到的，也總會申請其他大學，而且大學有不同等級，教席又有不同種類，有能力和努力、而又會堅持的人很可能找到一些或許是臨時的教席，作為進一步發展的踏腳石。我並不否認結果式運氣最終還是相當重要的，但人生是個長久的歷程，對整個事業而言，結果式運氣的重要性便大幅減少了。你説不是嗎？

王　我不同意，尤其是當我們對成功的要求不是那麼低時，成功往往要靠結果式運氣。例如以我這樣的學歷背景，假如一直到退休都只是在大學做兼職教學，我不會視為成功；但要得到固定的教席，甚至要求更高，要在研究型的著名大學得到教席，那麼，即使不是第一次便成功，而要嘗試幾次，成功還是要靠運氣的。其他範疇或行業的成功，情況亦大抵如此，例如要成為舉世知名的鋼琴家，便非得靠運氣不可，我可以隨時舉很多實例。

　　其實，你在這次討論裏曾經説過，在很多領域要有成就，明顯地都需要運氣；你現在説事業的成功長遠而言並不那麼依靠結果式運氣，看來是因為你説的「成功」要求頗低，不必達到可稱為「有成就」的程度。

　　我們對運氣的看法當然毋須強求相同，而我們看法的不同，大抵是由於性格和人生經驗的不同所致。無論如何，我始終認為，一個人如果意識到運氣對任何人的一生都有巨大作用，便會較容易看破得失，並且 —— 而這是更重要的 —— 更能同情他人的困境和苦況，因而較容易萌生幫助別人的念頭和動力。

劉　我們的看法分別未必很大。這次討論牽涉到的概念，包括運氣、成就、才能、責任等，都有很多不同的種類和程度之別。當我們判斷運氣有多重要、責任有多大時，只能用些很概括的字眼。最終我們的分歧有多大，可能只有把那些概念再細分和量化後，才可知道，而我懷疑我們的分歧其實不大。況且我們由始至終都同意，運氣在人生眾多事情上的重要性，遠比一般人想像的為高。其實不單是個人的人生，甚至是一個族群的歷史或文化的發展又何嘗不是充滿著偶然性呢？所以不單是個人，甚至是國族的成敗得失很大程度都是運氣使然。這點你會同意吧？

王　對，國族和社會的發展也取決於運氣。戴蒙（Jared Diamond）在他的名著《槍炮、病菌與鋼鐵：人類社會的命運》（*Guns, Germs, and Steel: The Fates of Human Societies*）[73] 裏用很多例子詳述的，正是「地理運氣（geographic luck）」這個概念，這可以說是群體層面的構成式運氣，而這個層面也可以講處境式運氣和結果式運氣。個人層面的運氣與群體層面的運氣又是相關的，例如你生於哪一國族，這屬於你的構成式運氣，因而也受你的國族的地理運氣影響。

　　不過，國族和社會發展已超出我們有能力深入討論的範圍，這次討論就到此為止吧。

劉　沒問題。其實這次討論相當複雜，我的腦袋也有點累了。下次再談。

73　Jared Diamond, *Guns, Germs, and Steel: The Fates of Human Societies* (New York: W. W. Norton & Company, 1997).

情是何物？

不少人，尤其是年輕人，認為愛情是人生最重要的事，或是美滿人生不可或缺的成份，但他們往往將愛情簡單化和過份浪漫化，因而有虛妄的期望，結果是在愛情經驗上感到迷惑和不能滿足。愛情固然有它神秘的一面，我們未必能完全了解，可是，愛情也有它現實的一面，那是我們可以確實認識的；對愛情的思考，應該兼顧這兩方面。愛情當然是寶貴的人生經驗，真愛來得不易，要好好珍惜，盡力加深，或至少保持。不過，就算終身沒有愛情，或從來沒有持久的愛情，是否等於人生便有缺憾？答案並非理所當然的「是」。

劉　上次我們討論「運氣」時，大家都同意運氣在人生的各個領域都十分重要；例如對事業的發展，運氣就扮演著比一般人想像重要得多的角色。然而，我認為有另一個領域更能顯示運氣的重要性，就是戀愛和婚姻。

　　運氣對事業雖然重要，但事業的發展與個人的能力、性格等還是有相當大程度的關連。就以我自己為例，我家三兄弟姊妹都做了教師，而且從未轉換過學校，我認為這與我們共同的基因和成長背景有莫大關係；雖然我們是在不同類型的學校，任教不同的科目，但事業的軌跡還是頗相似的。當然，由於我們三人的能力、性格和成長背景相近，擇偶的途徑和偏好可能也大同小異，但即使如此，因為每個個體的差異還是很大的，而且一對伴侶之間的互動有很多偶然性，因此我認為戀愛和婚姻中的運氣比重還是大得多。況且擇偶往往不是取決於某些客觀的準則，不像求職那樣是基於履歷上列出的成就來競爭；兩個人很多時只是機緣巧合地遇上了，甚至成為了終身伴侶。所以在人生的重要領域之中，我認為沒有比戀愛和婚姻更倚仗運氣的了。

擇偶有客觀準則嗎？

王　我同意戀愛和婚姻的成敗很靠運氣，但不肯定運氣在這方面比起事業或人生其他方面有更重大的作用。讓我們先將戀愛和婚姻併作一起來講，即是由於戀愛而結婚，暫時撇開沒有愛情基礎的婚姻不談。一個人愛上甚麼人和被甚麼人所愛，當然有很多偶然的因素，但這些偶然因素不見得比事業方面的多；而跟事業一樣，除了偶然因素，個人的氣質性情和其他條件也有重要的推動或限

制作用。其實，人生的各方面緊密相連，很難清楚分開來講運氣的作用，例如學業或事業的經歷便明顯與愛情的遭遇相連，前者涉及的運氣自然會影響後者。更複雜的是，人生不同方面的運氣不一定是一致的，例如某人因運氣不好而考不進心儀的大學，卻由於進了另一所大學而遇到了理想的愛情對象，相戀而結婚，白頭偕老，那便是運氣好了。

　　你說的另一點我也有疑問。你說擇偶往往不是取決於某些客觀的準則，你說的「客觀的準則」大概指的是甚麼呢？

劉　我們選擇學校或職位，都會考慮一系列的準則，然後在接納我們申請的學校或公司中，挑選最合乎自己理想的。擇偶當然也有一些準則，包括年齡、外貌、性格、學歷、職業等，與自己要求相差太遠的，通常我們不會考慮。所以客觀的準則不是完全沒有，但滿足基本要求的人多不勝數；最後我們與誰在一起，主要還是看機緣，例如碰巧有相處的機會之類。不是嗎？

王　當然要看機緣，但你其實還是認為有客觀準則的，不過那些準則不是很具體或仔細而已。另一方面，也有以下這種情況，就是一個人心目中有些理想愛情對象的準則，但結果愛上的人卻並不符合這些準則，或只是符合很少部份。有些人因此認為愛情根本不是由理性決定的，不必依從甚麼準則，也不講理由；愛上就是愛上，不愛就是不愛，可以說是莫名其妙，但遇上自己喜歡的人，就自然會知道。根據這個看法，戀愛幾乎是一種神秘經驗。

劉　我同意愛情有些客觀準則，也有神秘經驗的那一面，但兩者都沒有一般人想像的那麼重要，而我認為神秘經驗或感覺很大程度上是建基於客觀因素的。對條件太差的人我們通常不會有感覺，最

容易令人產生感覺的當然是吸引的外貌，但還有其他客觀因素我
們可能較少注意到，例如有研究顯示體味扮演相當重要的角色。
由於我們並不完全了解所謂「愛上」的感覺如何產生，或由甚麼
因素決定，我們才會以為那些經驗是神秘的。

　　我認為客觀準則的主要功用是篩走「不合格」的人選，餘下
的很大程度就是看機緣了。愛上的或喜歡的感覺其實也不是真的
那麼重要，我們遇到「男神」或「女神」很容易就會產生感覺，但
正因為他們條件太好，大部份人不會因為有感覺而視之為可能對
象，反而會自然地保持距離。我亦不認為遇上自己喜歡的人就自
然會知道，很多人很多時候都是「矇查查」的。若要談擇偶準則，
在篩走「不合格」的人選後，可能最關鍵的考慮是對方是否也有
意思，或雙方有多大發展的可能。這種考慮雖然也涉及對方的客
觀條件，但更重要的是環境因素，包括對方是否單身、大家是否
有機會獨處、表白失敗會否影響事業或朋友圈等等。不過，我可
能還是主要從男性的角度思考。有種說法是，timing 比一切都重
要，我是贊同的。

愛情作為一種獨特的「神秘經驗」

王　看來你對愛情的看法相當踏實，但無可否認的是，愛情是很獨特
　　的經驗，跟其他人際關係的經驗都不同。我用了「神秘經驗」一
　　詞，就是因為愛情有這樣的獨特性，卻又難以用言詞說清楚。在
　　戀愛中的人，對所愛的人朝思暮想、魂牽夢縈，心中有甜蜜的感
　　覺，但可能同時又患得患失；愛情甚至還能令人方寸大亂，嚴重
　　的會做出不理性的事，所謂神魂顛倒、意亂情迷也。你剛才提到

的各種考慮，即使全都實現了，找到一個對象，但假如缺乏我描述的獨特經驗，也不算是愛情吧？

劉　少年十五二十時，無論跟誰在一起，即使是很短暫的邂逅，每一段關係都容易有這種神魂顛倒的經驗。相反，那些所謂黃昏戀，可能是五六十歲時開始的第二或第三段婚姻，即使雙方十分投契，甚至維持三四十年至終老，但那個年紀就較難再出現意亂情迷的感覺了。黃昏戀可能沒有迷戀或熱戀的感覺，但未至於不算是愛情吧。

王　愛情的經驗或感覺有程度之分，可強可弱，但我認為無論是強是弱，都有愛情的獨特性。黃昏戀大多沒有初戀或年青時戀愛的那種強烈的感覺，但既然是愛情，就自然有戀愛的感覺。兩個中年人或老年人成為戀人，與他們只是成為好朋友，這兩個情況應該有本質上的不同吧？

劉　愛情的確給人一種獨特的感覺，但通常只在戀愛初期才較強烈，而黃昏戀可能在初期也只有淡淡的戀愛感。除了感覺，在戀人與好朋友之間我還想到四個主要分別，但沒有任何一項或它們的組合能充分界定兩者之別。

　　一、戀人通常有較親密的身體接觸，尤其是性關係，朋友之間一般是沒有的，除了所謂 friends with benefits；[74] 不過，黃昏戀或柏拉圖式的戀愛也可以完全沒有性關係。二、戀人，尤其是同居或結了婚的，在生活和經濟上有更密切和穩定的互相支援，而

74　"Friends with benefits" 在英美日常語言裏，指並非情侶或夫妻、卻偶爾有性行為的朋友關係。

朋友之間的支援一般較鬆散。三、戀人通常有某種排他性，不容許或不鼓勵有第三者，雖然也有一些戀人保持開放的多元關係；好朋友之間也可以有排他性，但程度上弱得多。

　　四、最後一點性質上有些分別，它可以是以上幾點所導致的自然結果，但也可以是獨立的一項，就是關係的確認。戀人通常發展到某個階段，例如有了親密的接觸，或共同生活，大家會互相確認為戀人，並附帶某種排他性的承諾。然而，關係的確認也可以是獨立於其他條件的，例如兩個人本來是friends with benefits，若有天他們同意把兩人的關係重新理解為開放關係的戀人，他們的相處方式可能沒有實質分別，也沒有任何排他性的承諾，但他們自視為戀人這一點已經是一個關鍵的分別。所以無論有沒有戀愛的感覺、是否有性關係、是否共同生活、牽涉兩個人或更多的人，只要相關的人互相確認為戀人，這本身就是一個重要的指標。你同意嗎？還是有其他分別呢？

何謂「真愛」？

王　我同意第一至第三點，但認為第四點頗有問題。兩個人之間是否有愛情或是否相戀，不能靠互相確認就成為事實。愛情有可能是當事人也搞錯的，即是以為自己愛某人，其實不是，而是誤解了自己的感情，最後發覺「原來我並不愛你」。這個情況有時是單方面的誤會，但也有可能雙方都誤會了。我之前講到的「戀愛的感覺」是比較可靠的指標，但也不能保證愛情的存在；換句話說，你可能有戀愛的感覺，後來才發覺那不過純粹是情欲，其實自己並不愛那人。愛情神秘的一面，正正在於很難搞清楚怎樣才是真愛。

劉　正如第一至第三點分別都並非充分及必要條件，第四點也一樣，只是一個重要、但非決定性的指標，而且第四點可以與其他幾點互為因果。例如今天不少人是首先發生性關係，然後才確認是戀人；但較傳統的關係是首先確認是戀人，然後才發生性關係。

　　我同意「真愛」的概念含糊，很可能根本沒有所謂真愛的本質；但要把握這個概念，我認為還是透過行為或行為傾向（behavioral dispositions）較合理，所以我以上羅列的四點都是屬於行為層面的。你說的「戀愛的感覺」不單有年齡因素，而且通常都是短暫的；反而是戀人之間如何互相對待，更能顯出是否有真愛，不是嗎？

王　如果「戀愛的感覺」指的是熱戀時的經驗，我同意那通常不會很長久，大概一年半載吧。可是，「戀愛的感覺」也可以指較平淡的情愛的感覺，而那可以是持續不斷、細水長流的；例如我跟內子一起已經三十多年了，我對她仍然有這樣的感覺，雖然已不是起初追求她時有的那種強烈的戀愛感。也許我們應該將「戀愛的感覺」一詞限於熱戀，而稱細水長流的那種為「情愛的感覺」，但兩者的分別只是感覺上的強弱，共同點是愛情（romantic love），而與友情（friendship）有本質上的分別——你無論如何關心一個朋友，都不會有情愛的感覺。

　　你說「很可能根本沒有所謂真愛的本質」，是不是由於你認為愛情與友情沒有本質上的分別？

劉　典型的戀愛關係與典型的友情是很容易分辨的，但戀愛的邊界十分模糊，與友情有不少重疊的地方，有時亦與親情難以區別。你和太太一起三十多年，那種關係不是更像親情嗎？我認為還有其

他關係也可以與愛情很相似，包括對寵物、甚至是死物或群體的感情。很多球迷對其鍾愛球會的感情投入、付出和忠誠，可以比對愛侶有過之而無不及；他們對入球失球的朝思暮想、對賽果的患得患失、對勝利的甜蜜感覺等，全部都「像極了愛情」！

王　你說的「典型戀愛關係」，應該就是符合你剛才指出的那四點吧，即是有親密的身體接觸或性關係、在生活和經濟上互相支援、不容許有第三者、和互相確認相愛的關係？

劉　是的。

王　而你認為典型的戀愛關係大多在開始時有戀愛或熱戀的感覺，但這種感覺會隨時間減弱甚至消失？

劉　對。

王　好，我想追問，你是否也認為兩個人可以有真正的情侶關係、卻沒有任何情愛的感覺？

劉　我會說既可以又不可以，取決於我們怎樣理解所謂「情愛的感覺」。

　　強烈的戀愛或熱戀感覺是清晰可分的，但細水長流式的情愛感覺，單從感質（qualia）來看，[75] 不容易與親情或友情等感覺區分開來。若大家還有性行為，那種肉體的親密接觸還可產生一種較明顯有別於親情和友情的感覺；但情侶不一定要有性關係，尤其

75　「感質」是心靈哲學（philosophy of mind）的概念，指主觀經驗或感覺，而這裏「主觀」的意思是「從經驗者的觀點看」：只有經驗者才知道被經驗的感質是怎樣的一回事，例如我這一刻左手手背經驗到的痕癢是怎樣的。

是年長的伴侶，那麼他們之間的感覺本身真的難以與親情區別開來了。那些年長的伴侶很可能不再有一種感質上有別於親情的情愛感覺，但他們可以繼續是真正的愛侶，甚至不少人認為這種才是愛情最深厚、最真摯的體現。

然而，我認為我們不能單純從感質的角度來理解情愛的感覺。上述幾種感質上難以區分的感覺，我們反而可以透過大家的實質關係和行為模式來判別。例如關心、愛護或思念某人，若這種感覺的對象是多年的伴侶，那就是情愛感覺的一部份；若對象是至親或摯友，同樣或非常相似的感覺就是親情或友情的表現。換言之，過了熱戀期後，尤其是沒有性關係之後，是否有情愛的感覺，很大程度上是倒過來，由是否有實質的情侶關係來判斷。若我們這樣理解「情愛的感覺」，真正的情侶順理成章都有情愛的感覺。

第一身判斷 vs. 第三身判斷

王　透過實質關係和行為模式來判別是否情侶，從第三身的角度（the third-person perspective）來說是無可避免的，但從第一身的角度（the first-person perspective）來說，那就有點奇怪了。你是否愛某人，雖然有可能由於自欺或其他心理因素而誤解，但你是不需要藉著觀察自己的行為而作判斷的。此外，如果行為上兩人的關係和親人或朋友沒有分別，那也不表示他們只是親人或朋友而非情侶，而其間的分別正在於是否有情愛的感覺。因此，我認為你的看法是本末倒置了。

劉　我明白你的想法，但我認為很多內心的感覺都是難以捉摸的。我不否認有些強烈的感覺，如憤怒、尷尬等，我們可以直接判別其感質上的差別，但不少細膩的情感卻很難這樣區分。例如羞愧、內疚和自卑三者在概念上清晰可分，它們都是內心某種不快的感覺，但我懷疑我們是否能單憑那些不快的感覺在感質上的差別來判別它們；我們反而主要是透過那些情感所出現的原因、我們所在的處境、以及我們的反應來判斷我們有哪一種情感。

　　我們不但要透過觀察自己的行為來判斷自己的情感，甚至我們透過觀察自己的行為，再加上第一身的內在感覺所作的判斷，也不一定比旁觀者所作的判斷更準確。雖然所謂「第一身優勢（first-person privilege）」通常是存在的，[76] 但很容易有例外。有一種愛情電影的典型情節是這樣的：某君A與兩位女士B和C糾纏在一段複雜的三角關係中，B和C都喜歡A，而A自己以為喜歡B，但觀眾從他們的各種表現很早就知道，A心底裏其實是喜歡C，而A對B的情感更多是同情或報恩之心。觀眾從一開始就看穿這段三角關係，只是主角自己不知道，然後觀眾不斷咬牙切齒，為A和C不能在一起感到可惜，為A的愚昧感到不忿。典型的大結局是B和C同時遇上意外或類似的難關，而A本來在照顧B，忽然得知C也遇上意外，這時A才不顧一切趕去C的身邊；要到這種最後關頭，A才知道自己真心喜歡的是C。這種橋段不是哲學裏那種虛幻的思想實驗，而是非常真實的處境，也因此才那麼容易令觀眾產生共鳴。

76　「第一身優勢」是知識論和心靈哲學的概念：如果X只能從一個人的主觀角度（見註75）才可以認知，或從主觀角度能更直接或準確認知，那麼X便是有第一身優勢的認知對象。

我認為這類例子顯示，真愛主要是靠行為或行為傾向來判斷，而即使內心的感覺也扮演重要的角色，我們仍然須要透過行為或行為傾向來了解自己的內心。

王 你說的這種情況當然是有的，但未必像你描述的那麼簡單。你剛才的描述完全是第三身的，觀眾從第三身的角度觀察A的行為，從而判斷A愛的是C；假設觀眾的判斷是對的，可是，A發現自己愛的其實是C時，未必是基於觀察自己的行為，而有可能是由於之前壓抑著的對C的情愛之感爆發了出來。

如果沒有那個意外或難關，A真心認為自己愛的是B而非C，並和B結了婚，一直沒有後悔；旁人真的單憑他的行為便能正確地判斷他搞錯了、其實愛的是C嗎？我感到懷疑。試想像你是A，你對B有情愛的感覺，對C沒有，你因此認為自己愛的是B；然而，你的一些朋友告訴你，據他們的細心觀察，C才是你的真愛。這時候，你應該信任自己的情愛感覺，還是信任朋友的觀察？

我始終認為愛情一定包含情愛的感覺，雖然情愛的感覺在不同的情侶有強弱之分，也可以有感質上的細微分別。

劉 若我是A，而那位朋友講出的事例合理，我真的會反思我是否了解自己。不過，也可能我的感覺和他的觀察都是對的，原來我同時愛上了B和C，並想享齊人之福。當然，B和C未必能接受要與人分享自己的愛侶，但多元關係也未必是錯吧。

愛情可以是多元關係嗎？

王　先不說對錯，你似乎認為一個人同時愛兩個人（甚至兩個以上），是很容易理解的事。你用的是「愛上」一詞，如果「愛上」的意思是「被對方吸引而生愛慕之情」，那麼我也認為同時愛上兩個人並不出奇。可是，如果「愛上」的意思是「與對方有愛情關係」，那麼我會認為較難理解；至少在熱戀階段這是不應該發生的，因為在這個階段整個人的心思都被所愛之人佔據。有些被認為是同時愛兩個人的例子，可能兩個對象都只是喜歡，或一個是真愛，另一個是喜歡，而非兩個都是真愛。

劉　即使在熱戀階段，我們也不至於會對家庭、朋友、工作或興趣完全沒有心思和時間吧，那麼理論上也可以把部份原本放在家庭、朋友、工作或興趣的心思和時間用來再多愛一兩個人。我經常驚嘆你為何能每日堅持看書、寫作、健身、練琴、練普通話之餘，還有時間做飯、洗碗、打掃等等，我自問就沒有這種能力了；同理，你的感情世界可能沒有那麼複雜，但可能有些多情種子可以同時與多人維繫愛情、甚至是熱戀的關係，那也不足為奇。

　　還有，剛才我們是把「多元關係」理解為一個人同時維繫幾段大致上互相獨立的愛情，但多元關係可以是更複雜和更親密的，就是三個或以上的人共同維繫一段愛情。一段三角關係可以是，只有當三個人在一起時，包括三人性行為，大家才感到完滿，而任何其中兩人都產生不到那種獨特的「化學作用」。這當然不是典型的愛情關係，但同樣也不足為奇。

王 心思和時間當然可以放在超過一個人身上，但愛情不只在於心思和時間的運用。不過，你說的其實我都同意──一個人同時愛兩個甚至更多的人，或你說的那種多元關係，不但是可能的，還在現實中存在。我說較難理解的，是同時全心全意愛超過一個人。

　　我認為全心全意的愛只能有單一的對象，但我不懂得怎樣去論證這個看法是對的。我可以將「全心全意的愛」定義為「只給予一個對象的愛」；根據這個定義，全心全意愛兩個人當然是不可能的，因為有超過一個對象的，便不是全心全意的愛。問題是，這個定義是我自定的 (stipulative)，不同意的人可以乾脆不接受，而堅持同時全心全意愛超過一個人是可能的。

　　我對「全心全意的愛」的理解，大概是一個我很早便接受了的理想；然而，這個理想從何而來，我自己也不能確定。

劉 先不說這個理想從何而來，但這個理想的確是主流，而且還有排他性，似乎意味著愛情都應該是這樣的。不全心全意、不專一的愛就是次等、不理想、甚至是道德上可被譴責的愛；不少人因此認為這種根本不配稱為「愛」，而只是「欲」。我認為這個理想有點不切實際，定下了難以達成的目標，對愛情和婚姻都是弊多於利。

　　「全心全意」是個褒詞，但一般只是「盡力而為」的意思。若我要全心全意學好鋼琴，當然要花時間練習，但我可以繼續上學、看書、踢足球、甚至同時兼學小提琴。愛情的「全心全意」要求卻高得多，你不能再愛其他人，不能與他人有性關係，甚至不能跟某些其他人獨處談心。換言之，圍繞著愛情而存在的各種需要，包括情感和思想交流、身體接觸和性需要、經濟和日常生活的支援、以及生兒育女，全部都只能由一位伴侶來分擔和滿

足；而且社會還期望真正全心全意的愛，應該透過終身的婚姻來實現，當你找到另一半就應該從一而終。然而，每個人有那麼多不同的需要，而且那些需要還會隨著年月改變，我們怎能期望眾多不斷變化的需要，在一生中幾十年都只能由一位伴侶來負責呢？當然，現今社會離婚是非常普遍的，但離婚在很多人眼中就等於婚姻失敗。

我認為所謂「另一半」所隱含的假設可說是害人不淺，因為它意味世上存在另一個人，在各方面都能與我剛好配合，並只有當我們能遇上和結合，兩個原本不完整的人生才能變得完滿。這就好像隨手撕開一張紙，從中曲折地分為兩半，每一半都只能與另一半剛好吻合，要連接起來才變回完整。可惜世上沒有這種完美的計劃或安排，大自然沒有安排另一半等待我去遇上。若果遇上一個各方面都合得來的人，那是非常幸運；若做到與這人長相廝守，那就更難能可貴，可惜這在現實裏很少發生。我並不否認這是一種理想，但若大家視之為理所當然，帶著這種理想去尋覓愛情，不單往往會令人失望和挫敗，而且不切實際的期望還會不斷折磨一段關係。不是嗎？

王　「全心全意的愛」和「另一半」是兩個不同的愛情觀念，我完全同意你對後者的批評 —— 長相廝守已然不易，追求完全的匹配就更是不設實際了，甚至如你所言是有害的。至於全心全意的愛，那不須要基於完全的匹配，也不保證長相廝守，而只是在相愛時的投入與承擔（commitment）。[77] 這種投入與承擔並不能保證它自己能持續不變，因為有很多因素可以影響它；但當你真心愛一個

---

[77] 英文"commitment"兼有「投入」與「承擔」的意思。

人時，你便有這樣的投入與承擔，也可能因此而真心說出「我永遠愛你」之類的話。我剛才說感到難以理解的，現在可以換另一個方式講：我不明白如何可以對超過一個人有愛的投入與承擔。

愛情觀的形成

看來我不過是再一次表達了我的愛情觀。一個人的愛情觀是社會、文化和個人經驗的產物，因此，在同一個社會和文化裏的大多數人有大同小異的愛情觀——大同者取決於共同的社會和文化，小異者取決於個人經驗和所處的次文化 (subculture)。我不肯定你的愛情觀和我的是大異還是小異，但你不能否認你對愛情的看法有其社會和文化因素，不同於唐代人、十六世紀歐洲人或現在非洲某部落土著的看法。換句話說，「情是何物？」或「甚麼是愛情？」這個問題，沒有放諸四海皆準、永恆不變的答案。

劉　對，愛情和婚姻都有複雜的社會和文化因素，但背後也有客觀的生物條件。要繁殖下一代，不能沒有性行為，但人類的嬰兒比其他動物需要更長久和更貼身的照料，因此有必要演化出一種情感和制度，讓父母雙方能合作，把嬰兒養育至能獨立求生。然而，這種關係在不同時代、不同社會可以有很不同的演繹，而現今主流的戀愛觀和婚姻觀，在人類歷史中卻是非常晚近才出現的。我們現今追求自由戀愛，希望在芸芸眾生中找到適合自己的另一半，並在相愛的基礎上建立一段終身的婚姻，然後生兒育女。這種觀念期望把情感和思想交流、性需要、經濟和生活支援、以及生兒育女通通結合在一段排他的關係之中，可是，當人類的壽命

越來越長，社會的流動性又越來越高時，這種觀念便變得不切合
人類的需要和限制。

　　我明白情到濃時的確會說些「我永遠愛你」之類的話，但「永
遠」是非常沉重的；你欣賞的威廉士（Bernard Williams）不是曾經
論證，無論任何事情，永遠重複就會變得很可怕嗎？[78]

王　威廉士說的是真真正正的「永遠」，即永生，而愛情的「永遠」只是
指有生之年。這是個很大的分別。現代人類的壽命雖然比從前長
很多，但一般最長的也不過八九十歲，我認為長相廝守仍然可以
做到，現實裏亦不算罕有。不過，即使現在大多數人仍然持有「單
一伴侶、終身不變」的理想，將來很可能會放棄，基於文化和社會
因素的變化而發展出另一套愛情觀和婚姻觀。我們現在的問題似
乎是處於一個青黃不接的時期 —— 文化和社會環境令到舊有的觀
念越來越與現實脫節，但又沒有完全發展出新的觀念來取代它。

愛需要理由嗎？

　　既然我們還沒有一套新的愛情觀，那便繼續就著現有的觀念
探討下去吧。有一個問題我想問，但一直沒有機會，不如現在提
出來。有些人認為愛一個人是不需要理由的，愛就是愛，存乎一
心，「你為甚麼愛她？」[79]這個問題不一定有答案。你怎樣看？

78　Bernard Williams, "The Makropulos Case: Reflections on the Tedium of Immortality,"
in Bernard Williams, *Problems of the Self* (Cambridge: Cambridge University Press,
1973), 82–100.
79　當然也可以是「你為甚麼愛他？」，這裏為方便論述而不特別分開「他」與「她」了。

劉　有答案的，不過要分開兩個問題，分別是「你為甚麼愛上她？」和「你為甚麼仍然愛她？」。

　　正如我在討論開始時指出，是否愛上一個人，是會考慮年齡、外貌、性格、學歷、職業等多種客觀條件的，條件太差和太好的通常我們不會考慮；但在篩走太差和太好的之後，主要就是看機緣等環境因素了，亦即很大程度上是隨機的。客觀條件可以用來解釋你為甚麼會愛上她這類人，但不能解釋你為甚麼偏偏愛上她這個人。對好些條件合適的人，我們會產生好感，而當我們有機會與有好感的人相處，那種互動就可以迅速發展出愛情。

　　至於我們為甚麼還會繼續愛一個人，就主要看兩個人共同生活的歷史、相處是否合拍、是否互相忠誠等。這些條件足以解答「你為甚麼仍然愛她？」，因為她不但屬於某類客觀條件合適的類型，而且她是唯一跟你共同經歷某個人生階段的人，所以她是獨一無二的（unique）。

王　的確是有這個分別，但這兩個問題的答案並非完全無關——愛上一個人的理由，可以也是繼續愛她的理由，例如「才華出眾」、「對我很體貼」、「有俠氣」、「唱歌很好聽」。

　　那些認為愛情不須講理由的人，恐怕是把愛情神秘化了。把愛情神秘化，好像令愛情這種經驗變得很特別，但也同時令愛情變得難以捉摸和不可靠；假如愛情真是無緣無故而來，自己完全不知道為何會愛上此人，那麼可要擔心這愛也會無緣無故而去——有朝一日一覺醒來，突然發覺自己不再愛這個人了，卻又不知為何會變成這樣。如此神秘、如此難測的愛，不是太驚心了嗎？

　　我相信大多數有愛侶的人對於「你為甚麼愛這個人？」都能提供答案，列出一些愛的理由。不過，這引發出另一個難題，就是

「愛的對象可否被取代？」。如果你愛某人是因為她擁有A、B、C、D四個條件，那麼，當你遇上另一個擁有同樣條件的人，而且擁有的程度更高時，例如更有才華，你是否便應該改為追求這個人，尤其是當你大有機會追求成功時？你剛才說愛情的對象是獨一無二的，可否進一步闡明，看看能否回應「愛情的對象可以被取代」？

劉　兩個人一同生活了一段時間，必然有些共同經歷；可以是患難，可以是富貴，也可以是平凡的日子。其他對象將來可能帶來類似的經歷，但始終不可能複製過去，所以每段關係總是獨一無二的。有些關係還帶來共同的子女，這就更加是終身的投入與承擔了。若是較長久的關係，大家在相處過程中難免互相影響，不但會孕育出獨特的默契，也實質上不斷在互相塑造 —— 我中有你，你中有我，所以分開才那麼困難。

　　不過，另一方面，人也是喜歡新鮮感和刺激的。長時間一同生活的伴侶，也可以是因為有太多共同經歷和太有默契，而變得沉悶。這時移情別戀，不一定是因為新的對象客觀條件較佳，可以純粹是因為有新鮮感和「就手」。有種說法是，若有人移情別戀或出軌，必定是原初的關係本身已有問題；我不認為這是必然的，即使你深愛一個人，極之珍惜該段關係，這也不表示你能控制內心的各種欲望。

王　你說的我完全同意。很多人對愛情的看法忽略了很重要的一點，就是每一個愛情的關係都有其或長或短的歷史，而正是這個歷史令到關係中的人變得獨一無二，因為世上沒有任何其他人有同樣的「歷史角色」。其實不單是人，物件也可以在一個愛情的關係

中參與其歷史，取得「歷史角色」而變成獨一無二。例如定情信物或特別有意義的一件禮物，在特定的時刻和處境由一方送給另一方，那物件或被佩戴著，或兩人不時一起使用，或偶爾才拿出來欣賞把玩；假如那物件後來丟失了或毀壞了，而有另一物件與它一模一樣，後者也是不能替代前者的，因為單是物理特徵相同並不足夠，更重要的是那歷史的參與。

　　無論如何，你和我都認為愛情是有理由的，但有理由並不等同於愛得合理，因為理由可以不充分。假如我愛內子的理由是她與我有同樣數量的兄弟姊妹，那聽來便有點荒謬了，是個不充分的理由。這樣看來，愛有合理與不合理之別。

劉　雖然我不明白兩人兄弟姊妹的數量有甚麼關係，但若你真的因為這個因素而愛你太太，我又看不到有任何不合理之處。一般人擇偶會考慮外貌、性格、職業等一系列條件，這些條件反映社會的主流取態；但總有些人有奇怪的考慮或特殊的偏好，他們擇偶的條件可能較特別，但也不會因此而變得不合理。這好比有些人有特殊的性癖好，可以千奇百怪，大部份人覺得噁心的事情，他們反而情有獨鍾；有關這些性偏好，我認為有大眾和小眾、主流和邊緣之分，卻沒有合理與不合理之別（除非那些性偏好會帶來嚴重傷害）。在擇偶一事上，大眾和小眾的距離沒有那麼大，但同樣沒有合理與不合理之別。若有人有小眾的擇偶偏好，但礙於社會不接受，而被迫或無奈地去遷就主流，這反而有點不合理。不過，這裏有很多灰色地帶，我們很容易有意無意地把社會主流的期望，內化成為了自己的意願；所以，是否迫於無奈去愛一個人，有時也很難分得清楚。

王　愛一個人的理由可以很獨特或令一般人覺得奇怪，而仍不至於不
合理，但我認為始終有限度；如果「兄弟姊妹的數量相同」這個
理由不夠極端，以致你不同意是過了合理的限度，我可以再舉例
子，例如愛一個人是由於對方經常放臭屁，但自己卻非常討厭聞
臭屁。這個例子已含有近乎自相矛盾的特質，說是不合理也不為
過吧？

　　然而，也許這一點並不重要，因為愛的持續和加深在於兩人
相愛的歷史，即一起生活、經歷重疊、互相扶持等等；所謂「愛
的理由」，無論被視為合理還是不合理，如果在這相愛的歷史中
有作用，那便是這歷史的一部份。

　　我們已談了很久，我想以一個重要的問題收結。有些人，甚
或是大多數人，認為愛情是人生極其重要的一環；換句話說，假
如完全沒有愛情，人生便有缺憾。我想討論的問題是：愛情的價
值在哪裏？而這價值是不是大到人生會因為缺乏愛情而有缺憾？

愛情的價值

劉　我認為愛情是人生重要的一環，對絕大部份人而言，完全沒有愛
情的人生是有缺憾的。無可否認，事實上很多人都極重視愛情，
不少經典的文學、音樂、藝術等都是圍繞著愛情而創作的。愛情
的重要性有生物基礎，因為所有生物都要繁殖下一代，否則早已
絕種；而繁殖不單需要性行為，還有一系列的支援條件，人類的
很多情感和行為，以及社會的不少結構和制度，都是因應繁殖需
要而產生的。正如我曾提及，人類的嬰兒需要父母雙方長時間合

作照料才能成長，因此愛情是人類繁殖機制的重要一環，沒有愛情的人生不單欠缺這重要一環，也令很多相連的情感和行為變得失色。當然，性是更基本的生物本能，沒有性的人生應該是更大的缺憾。

王　你說的主要是從人類繁衍的角度看，可是，我問的卻是關於個人生命的問題。雖然你說了「對絕大部份人而言，完全沒有愛情的人生是有缺憾的」，但似乎沒有表達你自己的看法。

劉　對我而言也一樣吧！若我沒有體驗過愛情，我會認為是極大的缺憾。我從繁衍角度來回答你的問題，是要解釋愛情有普遍的生物基礎，而不僅是偶然的文化現象或殊別的個人經驗。甚麼事情對人生重要，可以有偶然和個人的層面，但若那些事情是求生和繁衍所不可或缺的，則它們自然是對整個物種都重要。若非如此考慮，你會用甚麼角度討論愛情對人生的重要性呢？

王　我會從「能否令人生豐盛」這個角度來看愛情的價值或重要性。成功的愛情無疑能令人生豐盛，但失敗的愛情則較難說了。也許一個人能從失敗的愛情經驗中增進對自我的認識，甚或學習到其他東西，不過，那經驗也可以是痛苦居多和浪費時間的。我不認為缺乏愛情的人生一定是有缺憾的，要看當事人的生命整體如何——沒有愛情的人生也可以很豐盛。雖然人類是群居的動物，需要互相幫助和扶持的人際關係，但這種需要可以透過親情或友情來滿足，不一定要透過愛情。現代社會的流行文化（pop culture）過於渲染愛情的重要性，以致有不少人認定非有愛情不可；其實古代大部份人都沒有我們現在所理解的愛情，難道這些人的人生全都因此而有缺憾？

劉　古代人也有愛情吧，不過他們未必有一夫一妻制，而且也不是主
　　要建基於自由戀愛。現代流行文化最過份渲染的是愛情至上主
　　義，鼓吹為了愛情可以放棄一切，這種觀念以往真的應該沒有。

　　　　愛情的確是豐盛人生的重要一環，但失戀也是寶貴的經驗啊！

王　對，我的意思不是古代人沒有愛情，而是他們大部份都沒有我們
　　現在所理解的愛情，即是自由選擇、可以離離合合的情愛關係，
　　並視之為人生至關重要的一環。

　　　　至於失戀，說來慚愧，我幾乎完全沒有經歷過。雖然我同意失
　　戀可以是寶貴的經驗，但我寧願像自己那樣，免受這種心靈折磨。

　　　　好喇，下次再談吧！

死亡可怕不可怕？

貪生怕死乃人之常情，很多人甚至到年紀老邁、百病纏身、生活主要是受苦時，仍然不願意死去或害怕死亡。這樣的不願意和恐懼合理嗎？也許希望繼續活下去的理由就是害怕死亡的理由，然而，是否每一個人都有希望繼續活下去的理由？答案並不明顯，至少是因人而異。有哲學家論證死亡根本不可怕，也有哲學家認為我們須要尋找活下去的理由，如果找不到，便應該自殺。這些哲學論證或看法能幫助我們建立合理的死亡觀嗎？另一點值得思考的，是「不願意死去」並不等於「渴望永生」，也許永生比死亡更可怕。

王　上次我們討論愛情時沒有談到，不少人會將愛情和死亡拉上關
　　係，例如「生死相許」、「至死不渝」、「不求同年同月同日生，只
　　求同年同月同日死」，而且真的有人為情自殺或殉情。愛情是美
　　好的事，但死亡是大多數人害怕和不願見到的，你怎樣理解將兩
　　者拉上關係的心理？

貪生怕死

劉　若論殉情或自殺，最常見應該是因為失戀或求愛不遂。有些人覺
　　得不能跟所愛的人在一起就生無可戀，也有些人可能是有報復心
　　態，以為這樣會令對方內疚一世。無論如何，我認為他們大多只
　　是一時衝動，若有機會冷靜下來，他們很可能就不會尋死。

　　　　至於「生死相許」、「至死不渝」等都只是一種承諾，表示在
　　有生之年永不分離，甚至在伴侶死後也不會變心。有些人會因為
　　對伴侶之愛，擔心對方孤獨或不能自理，而寧願對方首先離世；
　　這種想法背後是假設，孤獨在世比死亡更可怕。

王　有些為情自殺的例子是一時衝動，甚至可能大多數例子都是這
　　樣，但無論是否一時衝動，為情自殺似乎都是基於一個理解或感
　　受，就是由於失去了愛情，自己的生命不值得活下去。這是一個
　　有趣的現象。事實上，大多數人在日常生活裏根本不會問自己的
　　生命是否值得活下去；就算問了，也未必懂得回答；就算懂得回
　　答，而答案是「不值得」，他們也不會因此而自殺。貪生怕死是
　　人之常情，想死的人是極少數。

劉　對於所有物種，有一點可以肯定的是，在適齡繁殖之前會尋死必然是少數，否則該物種就不能存留下來。人的思想會影響行動，所以想死的人，理應也是少數。只不過，在極少數為情自殺的人當中，反而是年輕人居多，這點倒是頗奇怪，表面看來有點違反演化的常規。我認為這是由於年輕人的戀愛感覺特別強烈，因此失戀也特別痛苦，他們求死大概不是因為認定了不再值得活下去，很可能只是想解脫那種異常強烈的痛苦吧。

王　從演化的角度來看，由於年青時找到配偶是極其重要的事，人在這段時期腦筋和情緒會受求偶活動支配，而即使這種支配性在某些人的情況比生存意欲還強，以致他們為情而死，也不會影響人類繁衍，只要這些人是極少數便可以了。事實上為情自殺而死的人確實是極少數。

　　然而，也是從演化的角度來看，人到了年老期，生殖能力大大下降甚至消失，卻大多仍然有很強的生存意欲，那就較難理解了。去年我看了一條很有意思的短片，拍的是美國哲學家法格雷特 (Herbert Fingarette) 去世前幾個月的生活和思想。[80] 片中法格雷特表達了面對死亡的反思，當時他已 97 歲了，愛妻在數年前辭世，令他感到生命從此有一個無法彌補的大洞，而他身體亦極其虛弱，活動能力很低，連穿衣服也要人幫忙；可是，在這情況下，法格雷特表示他還是想活下去，[81] 害怕死亡。我覺得這已有點不理性：既然生無可戀，亦無能力有所作為，為何還那麼強烈地想活下去？

80　*Being 97*, directed by Andrew Hasse, aired January 14, 2020, on *The Atlantic*, https://www.theatlantic.com/video/index/604840/being-97/.

81　他的原話是 "I still would like to hang around"。

演化論的解釋

劉　好問題！雖然不是所有老人都想活下去，但的確大部份人害怕死亡，即使老了，也不願離世。不願離世是人之常情，表面看來，這不用額外解釋，但其實不然。當人老了，若是女性，就不能繁殖，即使是男性，生殖能力也越來越低；老人甚至沒有照顧自己的能力，對整個族群似乎是個負累。從演化的角度來看，沒有繁殖和自理能力的個體，自然地死去，甚至主動尋死，對整個族群和物種理應較符合成本效益。所以若人類演化出一種自然傾向，過了某個年齡，就失去求生意志，甚至會主動尋死，表面上反而較合乎演化的律則。

　　戴蒙在《性趣何來？：人類性行為的演化》(*Why Is Sex Fun?: The Evolution of Human Sexuality*) 討論了一個相關的問題，[82] 就是為何人類女性會有更年期，而非終身能受孕，或在不能生育後便死去。原來更年期在動物界十分罕有，只有極少數的幾種哺乳動物在不能生育後還會生存一段較長時間。戴蒙認為人類之所以有更年期，是由於生育和養育孩子是極大而長久的負擔；年老了雖然不適合再生育，但卻能協助養育子女或親屬的下一代。還有，一個族群的生存，不但需要有狩獵和耕作能力的壯年人，也有賴於知識和文化的承傳，尤其在未有文字的年代，老人就擔當了這種承傳的功能，對族群的延續有不可或缺的作用。因此，人類的認知功能遠比體力退化得慢，身體機能退化了但仍有求生意志；甚

82　Jared Diamond, *Why Is Sex Fun?: The Evolution of Human Sexuality* (New York: Basic Books, 1997).

至在身體機能退化後，人可能需要額外的求生意志，才可以在生無可戀的情況下，仍然有動力繼續活下去。

王　對於人老了還有生存意欲，也許有一個合理的演化論解釋，但從個人生命的角度看，這樣的解釋卻不 定適用。我剛才提出法格雷特的例子時，沒有將這兩個角度分開。法格雷特年紀老邁，並且生無可戀，他想活下去的這個意欲看來並不合理；換句話說，他沒有活下去的理由。即使演化論能解釋人——當然包括法格雷特——為何老了還有生存意欲，這個解釋不等於向法格雷特個人提供了活下去的理由；正如就算演化論能解釋為何絕大多數男人用情不專、容易出軌，這個解釋不等於為男人提供了出軌的理由。

怕死的心理與怕死的理由

劉　從個人層面看，很多人即使感到生無可戀，也可以不願離世，而這個意欲未必不合理。首先，死亡的過程可以是很痛苦、折磨人的，本身就值得懼怕。死後到底有沒有天堂地獄、會否有來生、還是人死如燈滅，這些都不確定，足以令人害怕，或至少令人十分擔憂。怕死可以是怕死後受苦，甚至是永不超生的苦楚，也可以是怕死後的虛無，怕自己不再存在，更可以是怕這種不確定性本身。況且死亡是不可逆轉的，死了就不能復生，所以即使生無可戀，大部份人也寧願苟且偷生。還有，也不是所有老人都會感到生無可戀的吧？

王　我同意死亡之後的不確定性足以令人害怕，然而，有些人深信人死如燈滅，例如一些無神論者，他們很確定死亡之後是怎樣的，

但依然會害怕死亡。更有趣的是，很多有宗教信仰、認定自己死後會上天堂的人，同樣害怕死亡；他們如得重病甚或不治之症，不會很開心自己快上天堂，而是十分擔憂害怕，並立即求醫治理，希望能盡量延續在人世的生命。

當然，你提到死亡過程可能受到的痛苦，那明顯是值得害怕的，但一個人可以只是害怕那痛苦，而不是害怕死亡。我們未必能夠很有意識地將兩者分得那麼清楚，但透過反省，對自己的看法應該有些頭緒；就用我個人為例吧，我不害怕死亡，卻很害怕痛苦；假如我知道自己快將死去，但死亡的過程不會有肉體的痛苦，那麼我相信自己不會害怕。

這裏須要將兩種心理狀態分開：願意不願意，那是屬於思想方面的；恐懼不恐懼，那是屬於情感方面的。不願意死去不等於害怕死亡。我不願意死去，至少到目前為止都是極之不願意，但我不害怕死亡；想到自己的死亡，甚至是很具體地想像自己快將死去，不會令我有恐懼之感。另一方面，害怕死亡也不等於不願意死去；有些考慮清楚並下定決心自殺的人，到了動手自殺時會不期然感到恐懼，甚至害怕得下不了手 —— 他們自殺之心不變，卻同時對死亡有恐懼。

劉　對，應該把「不願意死」和「怕死」分開。相信死後會上天堂、但仍不想死的人，也許主要是不願意、而非害怕死亡；可能他們還年青，還有愛侶和家人，以及很多人生目標，因此才不願意死。不過，即使是深信死後會上天堂的人，仍然可以害怕死亡，因為恐懼是不由自主的心理反應，不一定要有合理的理由，正如有些人不信鬼神，有時在安全的環境，還是會不由自主地怕黑一樣。懼高感也一樣是不由自主的，甚至可以很奇怪；我在千多公尺高

空飛滑翔傘時通常不會懼高，但有時安坐家中，在YouTube看人家玩飛躍道 (parkour) 飛簷走壁時，反而會感到有點雙腿發軟，怕得不敢看下去。所以即使你理性上不害怕死亡，可能遇到死亡威脅時，還是會有恐懼感。

王　是的。我們的論題是「死亡可怕不可怕？」，但關注的不是「人類是否自然而然害怕死亡？」、「是不是大多數人都害怕死亡？」、「害怕死亡的人通常害怕到甚麼程度？」等等心理事實問題，而是這種恐懼是否合理；換句話說，這裏「可怕」的意思不是「令人害怕」，而是「值得害怕」或「有理由令人害怕」。如果結論是「我們沒有理由害怕死亡」，接受這結論並不等於消除了對死亡的恐懼；一個理性上同意死亡不可怕的人——即一個相信我們沒有理由害怕死亡的人——很可能仍然有害怕死亡的心理。無論如何，如果我們真的沒有理由害怕死亡，那麼對死亡的恐懼便是不合理或非理性的。

盧克萊修的對稱論證

古羅馬哲學家盧克萊修 (Lucretius) 提出過一個很有名的論證，結論是我們沒有理由害怕死亡。假如這個論證真確，便是放諸四海皆準，即任何人都沒有理由害怕死亡。他的論證可以很簡單地表述：一個人死亡後的情況和他出生前的情況，就他這個人的生命而言，有一點是沒有分別的，就是他的不存在。對於出生前他的不存在，他顯然沒有理由害怕；既然他死後的情況是一樣的，他同樣沒有理由害怕死後他的不存在。既然沒有理由

害怕死後的不存在，他便沒有理由害怕死亡。[83] 你怎樣看這個論證？

劉　我相信人死如燈滅，所以沒有理由害怕死後會下地獄或輪迴，但我還是會害怕死亡的，亦認為我有害怕的理由。死了之後沒有意識，自然沒有快樂與痛苦，也不會有害怕或恐懼之感，但在死亡之前，我可以恐懼自己將來會消失。盧克萊修用生前來類比死後，雖然兩者都是「我不存在」的狀態，但我認為這個類比不恰當，他的論證因而並不成功。

　　一件事是否值得害怕，不單取決於該事的性質，也須考慮相關的背景和環境。例如單身本身沒有甚麼大不了，但若我的朋友都在談戀愛，只有我一人總是單身，那就令事情變得可怕；又或者我正在享受熱戀，忽然失戀回復單身就變得很可怕。至於死亡是否可怕，同樣要看背景和環境，假若世上所有人都長生不老，只有我一人會死，那麼我怕死也理直氣壯吧。

　　出生之前，我不曾存在，但我既然已經出生了，經歷了很多事情，擁有過不少東西，即使死亡只是回到與生前一樣的狀態，也不表示我沒有理由害怕。我可以害怕失去我擁有的東西，包括我的親友、事業、興趣，以及我的一切記憶。而且我還有很多未

83　"Look back now and consider how the bygone ages of eternity that elapsed before our birth were nothing to us. Here, then, is a mirror in which nature shows us the time to come after our death. Do you see anything fearful in it? Do you perceive anything grim? Does it not appear more peaceful than the deepest sleep?" Lucretius, *On the Nature of Things*, trans. Martin Ferguson Smith (Indianapolis: Hackett, 2001), 94 (Book Three, 972–977).

完成的計劃和夢想，我可以害怕沒有機會實現或嘗試，甚至純粹害怕不能知道將來的世事。我記得中學畢業、考完會考又未放榜之際，我非常害怕突然死亡，因為我很渴望知道會考成績──假若我當時死去，必定死不瞑目。

王　我也認為盧克萊修的論證不成功。他這個論證通常被稱為「對稱論證 (the symmetry argument)」，因為論證的主要前提是「一個人在出生前和死亡後的情況是對稱的，即同樣地不存在」；可是，這個前提是錯誤的。換句話說，雖然一個人在出生前和死亡後都是不存在，但情況並不完全一樣。你剛才已指出了生前與死後的一些不對稱之處：出生前的不存在並不涉及失去任何東西，也不涉及未完成或可能想去做的事。

　　其實，對稱論證的這個主要前提還有一個更嚴重的毛病，就是我們根本不能想像自己出生前的生命或生活可能是怎樣的；這個「不能想像」並非由於想像力不足，而是由於被想像的對象在概念上是有問題的：想像自己出生前的「可能生命」或「可能生活」，就是想像自己比實際出生時間早了出生，例如早一年半載或幾年，並想像自己提早開始的人生可能是怎樣的；可是，任何比你實際出生時間早一年半載或幾年的人都一定不是你 (不過，假如你早產，出生的仍然是你，因為仍然是同一的胚胎)。雖然你死後也同樣是不存在，但假如你在臨死前想像自己繼續活下去，多活幾個月或是幾年甚至幾十年，那個被想像活下去的人依然是你──至少在正常情況下，這樣的想像不會引起概念上的難題。

　　出生前和死亡後的不對稱，可以這樣表達：出生前只是「不存在」，死亡後是「不繼續存在」。這是一個至關重要的分別。

劉　我不肯定是否早幾年出生的就一定不是我，以致我完全沒有可能
　　比你年長。對這些形上可能性與必然性的討論，我沒有確定的看
　　法，但在這裏這並不要緊。無論如何，盧克萊修的論證也不見得
　　是成功的。

王　對，不必講到過於抽象的形上學理論。不過，就算撇開我提到的
　　形上學難題，出生前的「可能生命」會是怎樣，與沒有死亡而繼
　　續活下去的「可能生命」會是怎樣，這兩者並不是對稱的。在這
　　一點，我們的看法相同。

　　　　然而，盧克萊修的論證也非一無是處，它至少能刺激我們思
　　考以下的問題：既然一個人死後不復存在，便不會在死後受苦或
　　經歷不愉快的事；那麼我們有甚麼理由害怕死後會失去某些東
　　西，或擔憂死後沒有機會去做某些事？

死後失去東西

　　　　這樣說可能不夠清楚，讓我們比較一下在生時失去東西和死
　　後失去東西：前者是失去東西後仍然生存，後者是失去東西時已
　　死亡，或因死亡而失去東西。如果你仍在生，在失去自己珍視的
　　東西之後，會感到痛苦；因此，即使你現在擁有那些東西，你會
　　因為很可能失去它們而害怕。你害怕的，其實不是「失去」，而
　　是「失去」帶給你的痛苦 —— 假如你知道自己不會由於失去那些
　　東西而有任何痛苦的經驗或感受，你便不會害怕失去它們；你是
　　為自己將來可能的痛苦經驗而害怕。至於死後失去東西，你沒有
　　這樣的害怕理由，因為不會有一個「將來的你」去經驗失去那些

東西的痛苦。類似的論點適用於「害怕死後沒有機會去做某些事」：你死後，沒有一個「將來的你」可以去經驗那些事，當然也就沒有「將來的你」因經驗那些事而得到滿足，或因經驗不到那些事而感到不愜意。

　　你剛才舉自己會考放榜前的想法做例子，說你非常害怕突然死亡，那是因為害怕沒有機會知道自己的會考成績；你不認為那樣的恐懼很傻嗎？當時你沒有死去，因此看到了自己的會考成績；可是，假如你在放榜前死亡，根本不會有「你」去經驗「知道自己的會考成績」，因為你已不存在，那麼嚴格而言，在生的你也不應該說是「沒有機會知道自己的會考成績」。

劉　會考的例子可能有點傻，反映我當時的世界十分渺小，但我認為例子背後的道理是成立的。試想有個數學家窮一生之力，試圖證明在前幾次討論中提及過的哥德巴赫猜想，結果在80歲時完成了一個論證。由於論證太過複雜，他本人也不完全確定論證是成功的；他發表論證後，全世界的頂尖數學家都在檢視他的論證。若他在快將有肯定的結果之前死去，我相信他必定死不瞑目；若他那時特別害怕死亡，應該不會顯得傻吧？我認為這種心態十分合理，若你在2020年美國大選前突然死去，而不能親眼見證特朗普敗選離開白宮，我懷疑你也會不甘心啊！

　　死了之後沒有意識，當然不會有痛苦、恐懼或失望之感，但是否害怕死亡，這卻是死前的事。我可以為失去東西所帶來的痛苦而害怕，但失去東西本身就可以值得害怕，未能完成重要的心願、未能達成畢生的夢想也一樣。這裏我可以提出另一個「對稱論證」：有些人身患頑疾，痛不欲生，或再極端一點，假如有人正被凌遲處死，這時死亡對他們而言是種解脫，可能是他們唯一

的盼望。我們通常是盼望將來出現的快樂或美事，但對痛不欲生的人來說，消失於世上本身就是盼望的目標。若他們有理由盼望死亡帶來解脫，我們也有理由害怕死亡奪去夢想。

王　你說的不無道理，但我恐怕其中也可能涉及一些混淆。你舉的會考結果和哥德巴赫猜想兩個例子，其中害怕的其實是「不知道」——不知道會考結果，不知道論證是否成功，因而害怕在處於「不知道」的狀態中死去。假設你非常肯定自己的會考成績會是如何如何，也假設那位數學家非常肯定自己的論證成功，你和那位數學家也許便沒有理由害怕死亡了。這裏，我們應該思考的是：知道又如何？不知道又如何？知道與不知道的分別真的那麼重要嗎？

　　另一方面，如果不是害怕「不知道」，而只是不肯定結果，那麼，「不肯定結果」是害怕死亡的理由嗎？應該不是啊，因為無論結果怎樣，你死後便不復存在，不會由於好的結果而欣喜，也不會由於壞的結果而感到痛苦。

劉　即使那個數學家完全肯定其論證是正確的，他也可以害怕在未有檢證結果之前死去。他可能渴望得到學界的肯定和讚賞，或想知道他的突破對其他數學問題有甚麼貢獻；他也可以希望得到名和利，或者單單享受那種成功感。一旦死去，他不單不能知道他想知道的事情，也不可能完成任何心願，不能享受各種成果。對於沒有願望的人，死亡可能沒有甚麼可怕，但我們可以合理地有很多願望，而死亡奪去我們達成願望的機會。借用存在主義式的用語，死亡可怕之處在於奪去我們的可能性。

希望繼續活下去的理由

王　你的意思是，希望繼續活下去的人有理由害怕死亡，因為他們有理由希望繼續活下去？

劉　是的，而希望繼續活下去的理由包括完成心願、獲得想得到的知識、嘗試新事物等等；一個人死去，就等於被奪去這些可能性。

王　我明白，但這還未能完全說服我。就大部份事情而言，沒有人知道將來如何，因此，死亡奪去的只是可能性。假使一個死去的人沒有死去，多活幾年，他能否完成心願、獲得想得到的知識、嘗試新事物等等，全是未知之數；也許在那多活的幾年中，他一事無成，所有計劃一敗塗地，生命極度痛苦。延長生命就好比一場賭博，下注之後是有贏錢的機會，但也可能會輸──贏錢的機會並不是下注的好理由。

劉　有些心願是相當確定可以達成的，例如很多足球迷都會如我一樣，非常渴望知道下一屆世界盃得主是誰、下一屆的各地聯賽或歐洲聯賽冠軍盃花落誰家等，而我們有很好的理由相信這些心願可以達成。當然，如果不能達成心願，便會帶來失望，而且即使能達成心願，多活幾年總體上也可能是苦多於樂，失多於得；但我不認為我們要能合理地期望將來樂多於苦、成多於敗，才有理由希望繼續活下去。否則，正所謂人生不如意事十常八九，莫非絕大部份人也沒有理由活下去嗎？

　　不過，當人越來越老，有可能達成而又重要的心願會隨之減少，加上身體機能退化帶來的痛楚和限制，以及至親好友的相繼

離世，這時繼續活下去的理由的確大幅減少，死亡理應也會變得沒有那麼值得可怕。

王　卡繆的《薛西弗斯的神話》裏有一句名言，是全書的第一句：「只有一個哲學議題確實要認真對待，就是自殺。」他的意思，以我理解，是人生是荒謬的，人看來沒有活下去的理由；我們須要尋找活下去的理由，如果找不到，最理性的做法便是自殺。事實上，他接著這樣寫：「判斷人生是否值得活下去，等於回答最根本的哲學問題。」[84] 他說的不只是他自己，而是說所有人；換句話說，他認為這個「最根本的哲學問題」是有普遍性的，適用於所有人。如果最合理的做法是自殺，那就等同於沒有理由害怕死亡。

　　你剛才說的，跟卡繆這個看法成為一個對比：你認為人一般而言明顯地有活下去的理由，而這些理由不取決於樂多於苦、成多於敗；但也有些人可能沒有理由活下去，或是活下去的理由越來越少，例如到年老多病、孤獨無依時。後者沒有那麼強的理由害怕死亡，但前者則有理由，甚至是很強的理由。

　　這樣看來，你應該反對卡繆的看法，對嗎？

劉　我是傾向反對的。卡繆斷言自殺是唯一要認真對待的哲學問題，這點應該只是文學式的誇張，我就不反駁了。若一個人完全沒有理由繼續活下去，他應該沒有理由害怕死亡，除非他相信死後有更可怕的事情。然而，這也不等於他就應該自殺。正如一段淡而無味的婚姻可能不值得繼續維持下去，但這也不等於有理由離

84　"There is but one truly serious philosophical problem, and that is suicide. Judging whether life is or is not worth living amounts to answering the fundamental question of philosophy." Camus, *The Myth of Sisyphus*, 3.

婚。離婚本身是個很痛苦折磨的過程，自殺也一樣，只是過程較短而已。況且，經歷痛苦的自殺過程並不保證會成功，一旦自殺失敗，可能更痛不欲生；而成功自殺不單會奪去一個人的所有可能性，也令身邊的人痛心和受苦。

王　我也認為卡繆的說法誇張。這個說法的問題大概是出在將「人生是否值得活下去？」和「人生是否荒謬而沒有意義？」等同起來；其實，就算人生是「荒謬」的、缺乏哲學家所追尋的所謂「人生意義」，每一個獨特的個人仍然可以有他活下去的理由，仍然可以認為自己的人生值得活下去。

「嫌命短」與永生

　　我相信大多數人都是「嫌命短」的，都想長壽，而且不會滿足於人類現在事實上的「長壽」，即最長是一百多歲。我父母都在六十歲左右去世，所以我擔憂自己也不會活得超過七十歲；可是，即使我能活到八十多歲，甚至一百歲，只要到時還能做自己喜歡做的事，身體沒有很多病痛，我是不會想死的。

　　說到這裏，我們應該分開「不想死」的兩個意思：一是不想只活一百幾十年便得死去，想長命一些；一是無論活多久都不想死去，想永遠存活。我肯定想長命一些，但我並不渴求永生。

劉　如果永生是永遠不會死，就算尋死也不能成功，那麼應該沒有人想要，因為萬一被人凌遲，也不可能有死亡作為解脫，那是多麼可怕的事情！如果永生是在我願意的情況下可以永遠不死，那麼我認為未嘗不可。無論如何，我也是「嫌命短」的，雖然我比你

年輕，有望多活一點時間。如果身體健康和有足夠財富，我不介意多活幾百年，那麼我可以到世界各地，每個地方住上一年半載；以後科技進步，還可能可以作星際旅行。

王　哈哈，我也想多活幾百年，因為我有興趣但一直沒有機會去做或嘗試的事情實在太多了。也許多活幾百年我仍然「嫌命短」，但假如是幾千年甚至幾萬年，估計對我來說一定足夠。至於永生，就算是快樂無憂的，我也不想要，因為那無論如何都是失去了死亡的自由。此外，說不定快樂無憂得太久，也會悶得想死——不是修辭上的誇張，而是貨真價實的悶得想死。永生是欲死也不能，不見得是最完美的存在；那些嚮往天堂的人，其實大多沒有認真想過永生是甚麼一回事。

　　有些不相信永生的人，卻追求另一種延長的「生命」，就是追求死後留下重要的、影響後世的成就，令人永遠記住自己，例如著述、藝術作品、政治改革；所謂流芳百世、永垂不朽也。我不認為這種追求是虛妄，但相信太用心於此未必是好事。

劉　我反而完全沒有這種流芳百世的企望。我害怕死亡，但不害怕死後被遺忘，也不介意在世界沒有留下任何痕跡。大部份人都會生兒育女，以這種形式延續其存在和影響，可是，流芳百世並非一般人可以企及的目標吧！

　　若能為世界帶來些貢獻，當然我也會感到欣慰。至少我很久以前已經登記了器官捐贈，表示願意死後捐出一切健康的器官。最近有位朋友癌病過世，我探望過他兩次，然後就是出席他的喪禮了。目睹他在死亡邊緣掙扎，十分痛心；想起他比我還年輕，更深感唏噓可惜。後來知道這位朋友決定死後把自己的遺體捐給

中文大學醫學院，作為「無言老師」，供醫科生學習解剖之用，我對他更多了一份敬意。我樂意把自己的器官捐出，但不肯定是否願意死後作為「無言老師」，在眾目睽睽下被解剖研究⋯⋯不過，想深一層，其實人死後，軀體只是一團沒有感覺的組織，有甚麼值得介意呢？

王　對，死後的軀體遲早腐化，比被解剖更令人噁心。不過，從死者的至親或愛侶的角度看，腐化和被公開解剖在情感上可以有很大分別：前者根本沒有人看到，但後者則是你說的「眾目睽睽」，接受不到是可以理解的。無論如何，軀體是死者的，由死者在生時決定最合理。

安樂死

說到由自己決定，令我聯想到安樂死 (euthanasia) 的問題。就算是你和我這樣「嫌命短」的人，也有可能到年老時由於病痛或其他理由不想活下去；在那個情況下，由自己經過深思熟慮而決定安樂死，應該是最合理的做法。我猜你的看法和我的一樣吧？

劉　大致上是的。安樂死一般是指人在年老、頑疾或傷殘等情況下，有權選擇結束自己的生命，這點我是同意的。然而，若一個健康的年青人有意安樂死，或他不用別人協助而選擇自殺，我就不太肯定我的立場了。在很多現代社會，自殺並非刑事罪行，在這個意義下，我們可說是法律上有權自殺，但這不等於我們道德上也有權自殺。若我們認為每個人對自己的生命和身體有最終的決定

權，似乎沒有理由批評別人選擇結束自己的生命，但我傾向認為在不少情況下自殺不單令人惋惜，也是道德上可以譴責的。

王　當然要看情況。例如一個還有妻子和年幼子女要照顧的父親，如果自殺，那似乎便是對家人有虧欠，是道德上可以譴責的行為。不過，這個例子的描述很明顯是極度簡化了；在現實世界，類似的事件各有不同但重要的細節，會影響道德判斷，甚至令人難以作道德判斷。

　　然而，假如是一個無親無故、又不負有重大責任的人，經過理性的思考而決定結束自己的生命，我想不到有甚麼道德上可指責之處。有些人認為生命本身是可貴、甚至是神聖的，並以此為理由反對一切自殺，即認為自殺在任何情況下都是不道德的；這個看法我不但反對，而且有強烈的反感。

劉　那麼我們要弄清楚反對自殺的理由是甚麼。若是由於生命本身是神聖的，那麼甚麼情況也不應容許自殺；的確有些人是基於這種考慮，連垂危病人的安樂死也反對，這顯然並非我們的立場。若是由於對有關係的人的責任而反對自殺，那麼我們要問哪種關係才足夠強，使自殺變得不負責任。事實上，很少人是真的無親無故的；那麼，是否只有少數無親無故的人才有權自殺呢？

　　撇開我們對他人的責任，我們對自己的人生又有沒有甚麼基本責任呢？現代人很容易接受穆勒提出的那種傷害原則 (harm principle)，認為只要不傷害他人，我們有自由或有權做任何事情。[85] 法律上，這條原則大致上合理，但道德上就不一樣了。我

85　John Stuart Mill, *On Liberty* (Indianapolis: Hackett, 1978), 9.

傾向認為每個人對自己的人生是有些責任的，例如不應過份頹廢或糟蹋自己的一生，甚至有責任做個理性的人。我們在《宗哲對話錄》不是討論過信念的倫理（the ethics of belief）嗎？[86] 若我們對自己如何思考和作判斷也有道德責任，不應輕信或迷信，那麼我們對自己如何行動，包括是否結束自己的生命，理應也有道德責任可言。倘若如此，即使是無親無故的人，他的死不會影響他人，那也不表示他有權選擇結束自己的生命。

　　不過，討論自殺有沒有違反道德可能已經扯得太遠了，本來我們是在討論死亡是否可怕的……

王　我不認為扯得太遠，因為安樂死與死亡是否可怕有明顯的關係：如果安樂死可以是合理的，那麼，決定自己要安樂死、並且是決定得合理的人，便應該沒有理由害怕死亡。至於這樣的人在了結自己的生命時會不會害怕，那是心理事實的問題，並不影響他的行動的合理性。

　　尋求安樂死的人，大多是痛不欲生或生無可戀，那是對自己生命負面的看法。與此成為對比的，是對自己的生命有非常正面看法或評價的人，他們不會尋求安樂死，但面臨死亡時並不害怕，因為他們自問不枉此生；這些人也許跟你和我一樣，「嫌命短」、不願意死，但由於自覺不枉此生，因而心態是「現在死去也可以」。

劉　不過，覺得不枉此生的人也可以希望繼續活下去，並且活得更精彩。雖然我不是經常感受到死亡的恐懼，但每當我想到有一天我

86　王偉雄、劉創馥，《宗哲對話錄》（香港：中文大學出版社，2016），頁214。

終會消失，而且那一天可以隨時出現，我就感到十分可怕和可惜。我不單害怕死亡，也害怕年老，害怕我平日覺得輕而易舉之事，有天會變得力不從心。

王　覺得不枉此生的人當然可以希望繼續活下去，而我提出的，是一個面對死亡時比較正面的態度，那就是：即使希望繼續活下去，但也能坦然接受「我會死亡」這鐵一般的事實，而這「坦然接受」的態度則是建基於自覺不枉此生。自覺不枉此生的人，應該也自覺屬於十分幸運的極少數；這種人面對死亡時，可以這樣看：雖然我還想活下去，但現在死去，我已「有賺」，無謂太貪心了。

　　採取這樣的正面態度，也許對一些人來說是極其困難的事，甚至不可能做到；然而，這不失為一個面對死亡的好方法，而我相信這樣的態度是可以培養的。其實，不必認為自己不枉此生才可以培養這個面對死亡的正面態度，覺得此生整體而言是幸福或快樂的人，也有足夠的基礎去培養這個態度。

劉　哈哈，我真的也有這種「已經有賺」的想法，不過不是用這種態度來面對死亡，而是用來面對人生。我雖然比你年輕，但亦已經中年了，人生道路很可能走了一半有多。我自覺前半生是非常幸運的，所以不時提醒自己，若下半生沒有那麼幸運，甚至有點倒霉，總體而言「已經有賺」。子曰：「未知生，焉知死？」[87] 我雖然害怕死亡，但也知道害怕沒有用，所以還是接受孔子的教誨，多點關心在世的日子更明智，對嗎？

87　《論語·先進》。

王　步向老年的人很自然比年青時較多想到自己的死亡，其實這已發
生在我身上了。最近兩三年，我不時思考有關死亡的問題，尤其
是想到不知自己還有多少年月——可以有二三十年，也可以只
有十年八載、甚至更短的時間。我還會具體地計劃餘生可以盡力
做些甚麼，長遠的和不那麼長遠的計劃都有，因為我強烈地感到
「餘生」兩字意涵的迫切性，令我比以往更意識到時間的可貴，深
刻地明白到要有計劃並實行之，才算是不浪費餘下的年月。

劉　你這樣不會給自己太大壓力嗎？

王　不會的。我這個態度和想法，加上那些計劃，令我活得更起勁，
但又不會感到有壓力，因為我不是追求甚麼成就，而只是力圖活
得充實而精彩。其實，假如我明天便死去，我已覺得自己不枉此
生；要是能充實而精彩地多活二三十年，我便是極其幸運，希望
到時不但可以說「不枉此生」，還可以說「死而無憾」。這是不是
太貪心了？

劉　不是啊！你最好多活幾十年，我有空就來探望你，品嚐你的新菜
式，我這樣才算貪心！死亡這個問題不如就暫且談到這裏，好
嗎？

王　好的。

殺生吃肉有何不可?

雖然素食者人數逐漸增多,但人類仍然絕大多數是吃葷的;吃葷免不了殺生,而為了大量並廉價提供肉類,現代畜養食用動物的方法極為不人道,動物在被屠宰前已不斷受很大的苦。因此,吃葷者須要面對「基於自私的動機而將痛苦強加於其他生命之上」的道德指責。有沒有某種形式的吃葷是道德上許可的?如果有,那是否只須改善畜養方法?但無論畜養方法如何人道,也一定涉及強行奪取動物的生命;如果強行奪取動物的生命而沒有令牠們受苦,那是否仍然是不道德的?此外,寵物也是動物,我們不但不殺而吃之,反而愛護有加;至少表面上看,這對食用動物不公平,是不容忽視的道德問題。

劉　上次說要再探望你，品嚐你的新菜式，不過大家工作繁忙，美國距離香港又那麼遙遠，不知何時才有機會呢！

王　真的可惜。你上次探望我至今已經有數載，我的廚藝進步了不少，下次你再來時，必定會為你預備更豐富美味的菜式。

劉　非常期待啊！不過，從討論死亡到美食，令我想起一個哲學問題，但說出來可能會有點掃興……

王　怎會呢！儘管說吧。

吃肉與殺生

劉　好的。我們享受到的美食絕大部份來自生物，我們能得到食欲的滿足和生命的延續，即是有些生命因此而結束。素食還好，因為植物應該沒有感覺，但肉食卻難免要宰殺動物，而且不單是宰殺的過程令牠們受苦，整個飼養的方式大都十分殘忍。我們自己不願死亡和受苦，但為了滿足口腹之欲，卻要令極多動物死亡和受苦。這樣不是太自私了嗎？

王　這不是個容易處理的問題，而我一直都沒有花心力去深入思考它；這多少是有點故意迴避的……我吃肉，不但吃，還很喜歡吃。假如轉為素食，相信我會覺得人生的樂趣大減；加上我愛下廚，假如烹調只限於素食食材，便會變得沒那麼多變化，沒那麼好玩，這也是我不願意發生的。我故意迴避「殺生吃肉」的有關問題，動機大概是怕深入思考的結論是「不應該吃肉」吧。不過，這次我趁和你討論的機會，決定「勇敢」面對、嘗試回答「殺生吃肉有何不可？」這個問題！

　　對一些人來說，殺生吃肉是明顯不道德的，根本不須要深入思考便可以知道。我的看法是，這個問題沒有那麼簡單。這些人認為不道德的，其實不是吃肉本身，而是殺生 —— 奪去另一有血有肉的個體的生命；更準確地說，他們認為不道德的，是為了自私的理由而殺生。還有，這裏說的殺生不必是直接的，即親自動手去殺；反對殺生吃肉的人認為買肉烹調好比買兇殺人，不能因為不是親自下手而脫罪。

　　你贊同這個簡單的看法嗎？

劉　如果「不可殺生」是背後的原則，那麼不單肉食是不道德的，大部份的素食也一樣，因為植物也有生命。事實上，有一種稱為「果食主義 (fruitarianism)」的立場，比一般的素食主義 (vegetarianism) 和純素主義 (veganism) 更為嚴格。[88] 果食主義者連植物的生命也不想奪去，所以基本上只吃果實或種子；有些甚至避免主動摘下果實，只會吃自然掉落的果實。然而，即使不理會果食能否提供足夠營養，果食主義者也不可能完全避免殺生，因為果實裏經常有昆蟲，還必定有無數細菌。昆蟲和細菌也是有生命的，與所有動物和植物一樣有共同的始祖和演化歷史。我不是想吹毛求疵，但「不可殺生」是不可能實踐的原則；我們唯有引入額外考慮，把生命分為不同等級，賦予不同價值，才可能得出一條較合理的原則。

88　素食主義主張不吃肉類和海鮮，但可能吃某些來自動物的食品，例如雞蛋和牛奶，而純素主義則主張不吃任何來自動物的食品，包括加工食物，例如用了雞蛋和牛奶製造的蛋糕。

王　要長期得到食物而完全不摧毀任何生命，當然沒有人能做到；就算不是為了食物，單是最日常的活動，例如洗手和搔癢，都難免會殺死無數微生物。不過，我剛才說的「殺生」，是狹義得多的，所以才用上「有血有肉」這個形容詞；我指的是人類為了從動物身上得到食物而屠宰牠們。而我問及的那個簡單的看法，就是認為只須考慮（狹義的）殺生這個行為，就已經知道殺生吃肉是明顯不道德的。

劉　我認為有必要澄清狹義和廣義的殺生分別在哪裏。若狹義的殺生是指宰殺動物，而廣義的殺生包括其他一切生命，那麼我會問動物與植物和細菌等其他生命的關鍵分別是甚麼，有血有肉有甚麼相干。還有，動物也有很多種，昆蟲也是動物，也算是有血有肉嗎？打死一隻正在吸我血的蚊子是不道德麼？若打死蚊子不算不道德，那麼吃炸蝗蟲應該也不算吧，還是兩者都是不道德呢？

殺生與動物所受的痛苦

　　殺生是否不道德，要視乎是哪種生命；如果被殺的生物根本沒有感覺，只是會生長和繁殖的細胞組合，結束這種生命與吃果實其實分別不大。若被殺的生物有感覺，能感受痛楚和擁有智能，情況就不一樣了。似乎只有動物，甚至只有較高等的動物，才有足夠複雜的神經系統，產生感覺和智能。因此，宰殺有感覺的生物（sentient beings）這種狹義的殺生才可能是不道德的，對嗎？

王　對，你提到的分別都重要，而我說的「有血有肉」，其實就是指有感覺的動物；所謂感覺，用英文說是 feelings and sensations。有感

覺的動物能感到痛楚，也能經驗其他不愉快的感覺，例如恐懼和
焦慮。宰殺動物會令牠們感到痛楚、恐懼和焦慮，一言以蔽之就
是令牠們受苦；加上現代畜養食用動物的方法十分不人道，動物
在被屠宰前已不斷受苦。那些認為殺生吃肉是明顯不道德的人，
主要的理據就是這種做法可歸入「基於自私的動機而將痛苦強加
於其他生命之上」，而這個描述聽起來真的是明顯不道德的。

　　然而，如果殺生吃肉的不道德之處在於引致動物受苦，只要
我們改變畜養方式，令動物在被畜養期間不受到人類強加的痛
苦，而宰殺牠們時採用無痛方法，甚至保證牠們不受驚，那麼，
殺生吃肉便不再是不道德的了。你同意嗎？

劉　這個問題不容易回答，但回答之先，容許我就著動物的受苦多說
幾句話。人類自古至今一直都有宰殺和奴役動物，但今天人類為
動物——尤其是食用動物——所帶來的痛苦是以往不能比擬
的。現代工業化的畜養方式，令無數雞、鴨、豬、牛、羊等活生
生的動物，自出生至死亡都困在非常惡劣的環境，不少動物根本
完全沒有活動空間。這不單是基於成本效益的考慮，有些是故意
減少牠們的肌肉活動，令其肉質嫩滑一點。更殘忍的還有，例如
把黑熊終身囚禁在細小的籠中，不斷從其活體內抽取膽汁，這比
宰殺牠們來食用，不知殘忍多少倍。

王　是的，現代科技進步，令人類生活方便舒適很多，但結果也讓人
類有更高效和更恐怖的方式來殘害動物。

劉　當然也有少數極其幸運的動物，成為了人類的寵物，有些貓狗甚
至受到帝皇般的對待。很多人見到虐待貓狗的個別事件就暴跳如
雷，但對食用動物大規模而長久的被虐待卻完全視若無睹，而且

自己更是幫兇，這個情況其實十分荒謬。貓狗和豬牛羊同樣都是
有感覺的動物，不見得前者比後者有更複雜、更強烈的感覺。

王　對待寵物和對待其他動物的差異是否合理，我們可以稍後再討
論。我之前提出的問題，你還未回應。

劉　好的，現在回應。若我們能改變畜養方式，令動物免受痛苦，再
加上無痛屠宰，當然會比現在的情況好得多，但短期內這是完全
不切實際的。即使將來做到這樣，是否就可以宰殺和食用動物
呢？我認為對有些動物是可以的，但有些仍然不可以。試想，若
我們可以把某人在不知不覺間無痛地殺死，我們也不會認為這是
容許的，因為即使我們沒有給那個被殺的人帶來任何痛苦，我們
還是違反了他的意願，剝奪了他的生命和一切應有的權利。無痛
宰殺動物是否也會違反牠們的意願和權利呢？那要視乎那些動物
除了感受痛楚、恐懼的能力外，是否還有足夠複雜的神經系統，
以至能有意願、期望等心理狀態。我傾向認為對於豬牛羊等動
物，健康飼養加上無痛屠宰是可以接受的，但對於黑猩猩等高智
能的動物就不可以了。此外，我相信不少人認為對於貓狗等寵
物，健康飼養加上無痛屠宰，都是不能接受的。

可殺 vs. 不可殺？

王　這個討論開始變得複雜了，讓我先綜合一下重點吧。殺生吃肉有
兩個道德上不當之處，或至少是可議之處，其一是人類基於自私
的動機而令大量動物受到強加於牠們身上的痛苦，其二是人類基
於自私的動機而奪去大量動物的生命；而由於後者，即使我們做

到健康飼養和無痛屠宰，殺生吃肉仍然是道德上不當的。這樣看來，「奪去動物生命是否不當？」是更根本的道德考慮。

　　依你的看法，奪去動物的生命不一定是不道德的，要看那是甚麼樣的動物；而你提出的一個準則是智能的高低：簡單地說，就是低智能的可殺，高智能的不應殺。不如你解釋一下，你為何接受這個準則？

劉　高智能本身並不構成不可殺的條件，例如將來可以有智能遠高於人類的人工智能，但它們可能完全沒有感覺，不能感受痛楚，也沒有任何意欲；倘若如此，令它們終止運作，甚至把它們解體，也沒有道德問題。

　　現在的問題是對於有感覺的動物，若我們能無痛地結束其生命，沒有為牠們帶來任何痛楚，是否還算不道德呢？我認為這與我們上次討論死亡是否可怕的問題有密切關係。我們都同意死亡過程所帶來的痛苦是可怕的，但除此之外，死亡可怕之處主要是在於它會奪去我們達成願望的機會。對於一個沒有任何心願、對將來完全沒有期望、因此也沒有理由活下去的人，無痛的死亡並不可怕；那麼，對於所有智能不足夠產生心願或期望的動物，無痛的死亡理應更不可怕。較複雜的動物應該都有感覺，都能感受痛楚，也肯定有記憶和欲望，但作為儲存和運用過往資訊的能力，記憶可以是完全不自覺的，欲望也可以只是當下的。要能夠對過去和將來產生有意識的感覺和期望，似乎需要複雜得多的心智能力；因此，我認為只有對智能較高、能對將來有意識和期望的動物，無痛的死亡才值得懼怕。

　　當然，如果對象是人類，即使他們沒有任何心願，對將來完全沒有期望，因此也沒有理由活下去，例如所謂的植物人，我們

應該還是不可以把他們殺死的。然而，智能較低的動物不僅是剛巧沒有任何心願或期望，而是牠們根本沒有這種心智能力，對牠們而言只有「當下」，而沒有「將來」。是否只要不令牠們受痛苦，就可以宰殺來食用呢？我認為是有可能說得過去的，你認為如何？

王　你問的「是否就可以宰殺來食用？」，應該是指健康飼養和無痛屠宰吧？

劉　是的。

王　我這樣理解你的看法：你運用的道德原則仍然是「基於自私的動機而將痛苦強加於其他生命之上是不道德的」，如果已經是健康飼養和無痛屠宰，那麼根據這個原則，殺生吃肉的道德問題只餘下一個，就是奪去動物的生命會否令牠們受苦。要是會令牠們受苦，那就是不道德的；要是不會令牠們受苦，那就是道德上可接受的。

　　你認為健康飼養和無痛屠宰智能較低、不能對將來有意識和期望的動物是可接受的，因為牠們不會因被殺而受苦。這裏我有一個疑問：為甚麼要以被殺的對象受苦與否作為道德抉擇的唯一標準？不管你是否稱失去生命為「受苦」，失去生命一般而言是壞事，至少對失去生命者而言是這樣；一個人死了是壞事，一條狗死了是壞事，一隻雞死了也是壞事。留意，我是說一般而言；在特殊情況下，失去生命可以對整體來說是好事。宰殺動物，即使是無痛的，對那些動物來說畢竟是壞事。除了我說你所運用的那個道德原則，為甚麼不可以加上以下這個道德原則：「基於自私的動機而將壞事強加於其他生命之上是不道德的」？

劉　問題是失去生命不一定是壞事，而且不必是甚麼特殊情況，否則基於自私的動機而令細菌和植物失去生命也會變成不道德。令有感覺的動物失去生命一般而言的確是壞事，但其壞不在於失去生命本身，而在於失去生命的過程中產生的痛苦；這樣理解，才能解釋為何令細菌和植物失去生命不是壞事，令有感覺的動物失去生命卻是壞事。倘若如此，如果有方法令有感覺的動物在完全沒有痛苦或恐懼的情況下死去，這樣做似乎並不構成壞事。

王　你將有痛感的動物和沒有痛感的細菌及植物一刀切分開，看來不符合大多數人的道德直覺。很多人並不對所有有感覺的動物一視同仁。先不說寵物，讓我舉一個不關寵物的例子，不少人會對於殺死一隻浣熊有道德不安感，但對於殺死一條魚卻沒有同樣的反應。你是否認為這些人的道德直覺並不正確？

擁有複雜感受能力的生物

劉　的確不能一刀切。最理想的情況是：我們能充分了解每種生物的神經系統，以及牠們感受快樂、痛苦、恐懼等的能力，然後在這基礎上判斷對待每種生物的適當方式。對於擁有越複雜感受能力的生物，我們便應越小心保障牠們的權益，避免牠們受苦。不少國家都有立法保障動物權益，大概都是按照上述原則，保護較「高等」的動物。例如現在科學家要拿動物來做實驗，大都要經過倫理審查；不過，這種保障並非涵蓋一切動物，用昆蟲或甲殼類動物來做實驗就沒有甚麼限制。一般而言，倫理審查只保障脊椎類動物（vertebrate），因為只有這些物種才有足夠複雜的神經系

統；但科學家後來發現八爪魚雖然並非脊椎類動物，卻擁有非常複雜的神經系統，所以有些歐洲國家近年已特地把八爪魚納入保障範圍，視牠們為「榮譽脊椎類動物 (honorary vertebrate)」來保護。[89]

你提及不少人會對殺死浣熊有道德不安感，但對殺死魚類卻沒有反應。這一方面是因為浣熊比魚有更複雜的神經系統，有更豐富的感受能力，但另一方面也可能因為浣熊外貌可愛，容易令人產生同情心。我認為前者是合理的考慮，但後者卻不是。我之前也有提及，很多人對待寵物與食用動物有很不同的態度，有些食用動物的神經系統和感受能力可能比某些寵物還複雜，卻得不到相應的對待，其實這是說不過去的。你說不是嗎？

王　人類對待寵物的態度和方式，跟對待其他動物不同，我認為可以是合理的。不過，這個我稍後再解釋，現在我想進一步弄清楚你的看法。

神經系統較複雜的動物不一定對痛苦較敏感或有較複雜的感受能力，因此，你考慮的應該是神經系統的複雜性與智能高低的關係，即神經系統較複雜的動物通常有較高的智能。這個關係我們不必考究，for the sake of argument 就當是真的如此吧。剛才你說令有感覺的動物失去生命是壞事，然後同意我對「一刀切」分野的批評，改而將有感覺的動物分為「失去生命是壞事」和「失去生命不是壞事」兩種，而判別的標準是神經系統的複雜性，亦即

89　Peter Godfrey-Smith, *Other Minds: The Octopus, the Sea, and the Deep Origins of Consciousness* (New York: Farrar, Straus and Giroux, 2016), 59.

智能的高低。可是，你不久前卻又認為「高智能本身並不構成不可殺的條件」，例如將來有可能出現的高智能人工智能被解體也不構成道德問題。你的看法好像有點不一致，還是我誤解了你的看法？

劉　我認為最終關鍵是感受快樂、痛苦、恐懼等狀態的能力，但神經系統的複雜性和智能的高低可以視為間接的指標。神經系統較複雜的動物對痛苦不一定較敏感，但神經系統太簡單的，就難以有任何感覺了。若有些動物整體的神經系統較複雜，尤其是類近人類感受快樂、痛苦、恐懼等能力的神經組織較為發達，我們就有理由推斷，牠們對快樂、痛苦、恐懼等的感受也較為敏感和豐富。

　　若某種高智能系統完全沒有感受的能力，我們也因此無法令它們受苦，那麼，把它們解體似乎也不構成道德問題。然而，若那些高智能系統或生物本身是有感覺的，智能的高低就可以影響感受的強弱和豐富程度。智能低的可能只會感受當下的痛楚，但智能高的還可預視將來出現的痛楚，因而在當下就產生強烈的恐懼。

　　由於我們無法直接得知任何其他物種、甚至是除了自己以外任何其他個體的內在感覺狀態，我們只能依賴一些間接的途徑，去推斷其他物種各種感受的強弱和豐富程度，而神經系統的複雜程度就是最重要的間接指標。複雜的神經系統一方面較可能擁有敏銳的痛感系統，另一方面也會有較高的智能，因而增加快樂、痛苦、恐懼等感受的豐富程度和複雜性。基於這個理解，我才提出大致上按照動物的神經系統複雜程度，來判斷對待和保護每種動物的適當方式。

"Persons"

王　你認為只要某種動物能感受快樂、痛苦、恐懼等，加上智能足夠對將來產生心願或期望，宰殺牠們而吃之便是不道德的。如果我沒有理解錯誤，你指出的是必要且充分的條件（necessary and sufficient conditions）。可是，我認為感受快樂、痛苦、恐懼等以及對將來產生心願或期望的能力，是「不應宰殺」的充分條件，卻不是必要條件。

　　剛才提到的高智能人工智能，現實上還不存在，但將來很可能存在。這些人工智能沒有神經系統，理應不能感受快樂、痛苦、恐懼等，但假設他們的智能足夠對將來產生心願或期望，例如希望繼續存在和完成某些長期的計劃；這樣的希望，與人類對死亡的恐懼或對永生的渴望不同，因為缺少了其中的感情和情緒成份，但無可否認，這至少是一個重要的因素，是我們在決定終止他們的運作時需要考慮到的。其實，即使不考慮這些人工智能對將來的期望，如果他們的智能高到一個程度，思想和行為與人類的很相似，加上有名有姓，有不同的性格，令我們與這些人工智能交往互動時強烈覺得他們是 persons，[90] 那麼，終止他們的運作便較近似殺人了，而與拆掉一部汽車或普通電腦極其不同。

　　也可以用一點科幻來說明：如果其他星球有高智能生物，他們有社會、文化、政治、科技等等，但他們的身體構造與我們的大相逕庭，不能感受快樂、痛苦、恐懼等；假如我們有機會與他

90　"Person" 沒有準確的中文對應字詞，在一些語境可以譯為「人」，但這裏不可以，也沒有其他字詞是適當的翻譯。見下文討論。

們接觸，發覺他們的肉質十分適合入饌，可以做出無與倫比的佳餚美食，而且我們有能力捕捉他們來宰殺。相信沒有人會認為，宰殺這些外星高智能生物來食用是合乎道德的吧？

劉　這個問題很難答，我也不肯定剛才提出的是否必要且充分條件。我或許最終會同意你的立場，但容許我暫時嘗試進一步發揮剛才的立論，把感受快樂、痛苦、恐懼等的能力視為必要的，或更廣義一點，把有沒有感質視為關鍵的條件。[91]

　　我同意在你提出的高智能人工智能和外星生物例子中，我們都有一種強烈的直覺，認為「殺死」他們是不道德的；甚至我也同意這確實是種壞事，但這可以是有別於宰殺動物那種壞事的性質。首先，我們的直覺不太可靠，很大程度上取決於一些不相干的性質，例如那些系統或生物的大小和外貌。試想，若那些系統或生物只有如螞蟻般大，而且看起來像一粒鼻屎，而他們既沒有表情又不能發出任何聲音，只能透過我們觀察不到的電磁波與外界溝通；那麼，不管這些系統或生物智能有多高，我們把他們捏弄壓扁也不會產生甚麼殘忍的感覺。相反，若那些系統外貌很可愛，動作又似小朋友，即使我們清楚知道他們內裏其實很簡單，我們也會不由自主地產生同情的感覺。

　　若那些人工智能和外星生物智能十分高，但內裏完全沒有感受，他們就像心靈哲學裏討論的「喪屍（zombie）」一樣，[92] 無論反

91　「感質」一詞的意思，請參看第七章註75。

92　心靈哲學裏說的「喪屍」，與小說和電影裏的不同，是思想實驗式的想像。這種「喪屍」的生理構成跟人類一模一樣，甚至外觀與行為看來都與正常人無異；可是，他們內裏完全沒有任何意識或感覺。根據物理主義，宇宙裏的一切都是物理性的；提出這個「喪屍」思想實驗的哲學家，是企圖透過「喪屍」的

應如何複雜，內裏也是空洞的，根本沒有受苦的可能性。他們可以有無意識的「心願」或「期望」，就好像我的智能電話也有很多設定了的指令，要在將來執行。若我把這部電話關掉或毀壞，這些未來的工作便無法完成，但這部電話是沒有感覺的，不會為此感到難過。然而，若我無故把這部電話破壞，其實也是一件壞事；一方面是一種浪費，另一方面是摧毀了一件精巧的東西。某種東西越是精巧，把它摧毀便越會令人覺得可惜和不值。大自然也有各種精巧但沒有感覺的東西，例如樹上的蜂巢或海裏的珊瑚礁，若我們無故把它們摧毀，我們會認為是一種壞事。試想，若我們到外星探險，發現一些比這些地球上的東西更複雜精巧的事物，我們也會認為把它們摧毀是件壞事，是不道德的。那麼殺死高智能的外星生物，即使他們完全沒有感覺，不會感到痛苦或恐懼，那也可以是一件壞事，就像毀壞一些異常精巧的事物，但這跟殺死有感覺的生物那種壞事的性質並不一樣。

還有一點，我們只能感受到自己的內在感覺，根本無法確定其他個體或物種會否只是「喪屍」，但我們一般會假定，相似的外在表現背後應該有相似的內在感覺。若有天我們與外星的高智能生物接觸，發現他們智能甚至比人類更高，反應比人類更複雜，我們有理由相信他們也有內在感覺，因此不能無故令他們受苦，甚至殺死他們。

王 我認為關鍵在於我們會視這些高智能人工智能和外星生物為persons。"Person"這個字很難中譯，不可以簡單地翻譯為「人」，因為一個 person 不一定是人類這物種的一份子，例如神、鬼和天

可能性來説明物理主義的不足。

使等超自然存在物一般都被理解為persons。"Person"這個概念應該如何理解，是個很複雜的哲學問題，恐怕我們不能在這個討論的脈絡裏深入探討。有些哲學家對"person"的要求較高，要有自我意識的才算是person；有些哲學家則只要求擁有一定程度的高智能、個別的性格、對事物有好惡、以及有能力參與可稱為"interpersonal relationships"的活動。高智能人工智能和外星生物都可以滿足這兩種要求而被我們合理地視為 persons。

另一方面，persons 不一定有痛感，也不一定能感受快樂和恐懼等。其實有些現實中存在的人，由於神經系統不能正常運作，失去感受肉體痛苦的能力；也有些人由於神經系統或心理出現問題而失去感受愉悅或恐懼的能力，但他們仍然是persons，仍然有訴求和欲望以及對將來的期許，例如希望繼續存在，完成任務，不想死去。電影《2001太空漫遊》裏那部人工智能電腦HAL就是個好例子，而我們在看這電影時不會不理解HAL的訴求和欲望，而且很自然把他當作一個person來看待。

劉 我也有想到HAL這個例子。看著 HAL 被關閉時，觀眾可能會有些於心不忍；倘若HAL是個會走動、表情豐富的機械人，我們的不忍之心肯定會更加強烈；可是，如果我們想清楚 HAL 內裏根本是完全沒有感覺的，可能就可以克服這種感覺。

HAL有思想有計劃，的確可被視為一個person，甚至是個道德能動者（moral agent），[93] 即行為有道德上的對錯可言，以及要對自己的行為負道德責任。HAL選擇殺死太空船裏的所有人，可

93　任何有思想並能根據思想來行動的存在物都是能動者，而道德能動者的思想包括道德了解和道德考慮。

能是由於錯誤理解那次太空任務，或其系統本身有bug，隱藏了錯誤或惡意的指令。HAL可以運用理性，能明白人的意圖和期望，也知道自己的行為有違對太空人的誠信，所以我們可以把HAL視為道德能動者，要求他按道德原則行事。

倘若太空人的死不是由於HAL的行動，而是由太空船內一隻小動物意外地導致，那麼就沒有誰可被怪責了。若我們因此懲罰或虐待那隻小動物，錯的反而是我們。那隻小動物的行為不受道德所規範，因為牠根本沒有足夠的思維能力來理解道德原則；但我們對那隻小動物的行為卻受道德規範，因為牠有感受痛苦恐懼的能力。那隻小動物雖然不是道德能動者，但卻是個道德容受者（moral patient），[94] 受道德原則的保護。HAL卻剛好相反，他能理解道德原則，卻沒有感受痛苦恐懼的能力，因此他應該只是道德能動者，而非道德容受者。雖然正如前述，我們也不應無故破壞HAL，但把他破壞的那種壞事並沒有令任何東西受苦，不外是破壞一部異常精巧的智能手機的那種壞事。

三種道德對象

我們可以區分三種類型的道德對象：一、不會作道德思考、但會感受痛苦的動物，他們是道德容受者，但卻不是道德能動者；二、會作道德思考、但不能感受痛苦的高智能人工智能或

94　"Patient" 在這裏是哲學用語，不可以譯為「病人」，通常譯為「容受者」，指行為的對象；如果X對Y做出某個行為，而這行為有道德對錯可言，那麼Y就是一個道德容受者。

「喪屍」，他們是道德能動者，卻非道德容受者；三、會作道德思考、又會感受痛苦的人或外星生物，他們既是道德能動者，同時是道德容受者。第二和第三類都能作理性溝通，有思想有計劃有行動，都是道德能動者，也是 persons，但沒有受苦能力的 persons，就不算是道德容受者了。你認為這種解釋如何？

王　這是個有用的區分，但我不同意第二類只是道德能動者而不是道德容受者。有些哲學家認為所有道德能動者都是道德容受者，這個看法想來有道理，我傾向於同意。我是這樣看的：既然道德能動者都要對自己的行為負道德責任，而道德容受者則是道德能動者遵守道德和負道德責任的對象，如果有些道德能動者不是道德容受者，那麼他們便是受道德規範，卻不受道德保護，那不是很不公平嗎？

　　假設 HAL 會作道德思考，明白自己的行為在道德上可以是對或錯的，但做出根據我們的道德標準是錯的行為，我們會認為有理由處罰他，甚至摧毀他；這是視他為道德能動者。可是，如果 HAL 一直遵守道德，為人類服務，並且希望繼續服務下去，不願意被終止運作或被摧毀，我們不是應該尊重他的意願，不應無故或以自私的理由摧毀他嗎？這樣看他，就是視他為道德容受者了。他沒有痛感這個事實，並不是將他排斥於道德容受者以外的理由。

　　至於我們宰殺而吃其肉的動物，確實是道德容受者而不是道德能動者。由於牠們缺乏對將來產生心願或期望的能力，我認為只要做到人道飼養和無痛屠宰，宰殺而吃其肉便不是不道德的，或至少不是明顯不道德的。

劉　HAL 的例子表面看來的確很不公平 —— 他好像只有義務和責
　　任，卻沒有權利。但問題是，HAL 是沒有感覺的。要他遵守道
　　德，為人類服務，他不會感到勉強或為難；把他摧毀，他不會感
　　到痛楚；滿足他的意願，他也不會感到高興。所以嚴格而言，我
　　們如何對待他，也不會構成「懲罰」或「獎勵」的。

　　　　與之相對，智能不高的動物看來好像佔了很大便宜，只有權
　　利，而沒有義務或責任。然而，牠們事實上往往是最可憐的一
　　群，不斷被人類、其他動物和大自然煎熬。若論不公平之嚴重，
　　我認為莫過於一般動物和寵物受到的對待差別。寵物不見得比其
　　他動物智能較高，或有較豐富的感受能力；牠們可能只是外貌在
　　人類眼中較可愛，或較懂得與人類相處，就得到優惠得多的待
　　遇，不會被宰殺食用之餘，有時還受到帝皇般的服侍。在富裕之
　　家當寵物，甚至比在貧窮地區做人要幸福得多呢！這才是真的不
　　公平。

王　HAL 也許沒有能力感到勉強或為難，也許沒有能力由於意願受
　　挫而感到不高興，但我們沒有理由假定所有缺乏痛感的高智能人
　　工智能或外星生物一定也缺乏類似於人類有的心理不滿；因此，
　　我們也沒有理由一方面視他們為 persons，另一方面卻完全不尊重
　　他們的意願。

寵物的道德問題

　　　　好了，這些都是科幻，還是說回現實世界裏的寵物吧。我的
　　看法跟你的有頗大分別，因為我認為人類對待寵物的態度並非完

全不合理；我們的合理判斷要看情況，不能一概而論。至少對貓狗這類智能較高、有明顯性格的動物來說，人類對牠們另眼相看，不但不會殺而吃之，反而好好照顧，甚至寵之愛之，是基於與這些動物已建立了關係；這用英文說比較清楚，就是已有relationship。這種關係雖然在絕大多數情況下是由人類主動建立，但寵物是有回應的，因此是一種互動的關係，可以成為人類和寵物雙方的生活重要的部份。

我們每一個人都不會對世上所有人一視同仁，而是有親疏之別，有朋友與陌生人之分，這是人際關係的基本結構和形態，有其生理及心理基礎；對動物有寵物與一般動物的劃分，也是一種親疏之別。如果你同意「對朋友比起對陌生人親愛很多」並非不合理，那便不應該認為「對寵物比起對一般動物愛護很多」是不合理的。

劉 當我們與寵物建立了深厚的關係，自然會產生一種特別強烈的愛心或同情心，這是人之常情，況且寵物一般都有較可愛的外貌，但這並不表示我們優待寵物是合理的。明顯地，與寵物的關係是因文化或個人而異的。若你與你的寵物有特殊的關係，你自然可以優待牠們，但若我與貓狗沒有特殊的關係，為甚麼我不能宰殺貓狗來食用，正如你也會宰殺豬牛來食用一樣？這好比世上有些人愛車如命，愛護自己的座駕如愛護子女一樣；他們優待自己的座駕是他們的自由，但沒有理由要求其他人也要如他們一樣愛護自己的座駕吧？我自己就一點也不愛護座駕，不會洗車之餘，撞花了也不會拿去維修。以與寵物的特殊關係來支持人類能合理地優待寵物，提出這個看法的人，是要論證其他人也不能不優待寵物，而不單是解釋自己優待寵物是合理的啊！

　　或許他們可以說，人類與貓狗的親密關係已經超越了個人層面，是兩個物種之間長久的深厚關係。現代的主流社會或許事實上與貓狗有特別深厚的關係，但當然可以有其他社會或文化是與豬牛有特別深厚關係的；他們看我們宰殺豬牛，可能會感到特別殘忍和可恥，正如我們看見別人宰殺貓狗時感到特別殘忍和可恥一樣。即使退一步，人類與貓狗的特殊關係有跨文化的普遍性，這也是可以改變的。

　　若其他動物會思考，牠們會覺得貓狗根本不是憑著自己特別高的智能、或特別豐富的感受能力，來得到合理的特殊待遇，反而認為貓狗是透過「搞關係」，向主人賣萌，或搖尾乞憐來獲得優待，這根本是不合理和不光彩的。而且那種待遇的差別大得驚人，不少貓狗得到帝皇般的待遇，而大部份豬牛都只有終身受苦。如果我是一頭聰明而有骨氣的黃牛，終身為人類耕田，看著主人的貓狗終日在吃喝玩樂，我會自視為薛西弗斯，在繼續拉那拉不完的犁耙時，厭惡這種不合理的待遇，看不起那些「阿諛奉承」的貓狗之餘，還會蔑視那些自以為理性的人類！

王　不必激動，討論問題而已。人類與貓狗的親近關係確實不是跨文化的，因此，那些愛貓愛狗人士指責其他文化裏的人吃貓肉狗肉不人道或不道德，那未必說得過去，至少我剛才提出的論點不能用來支持他們的指責。然而，在歐美文化裏，貓狗和人類的親近關係看來已超越個人層面，因此，如果在歐美文化裏有人殺貓或殺狗而吃其肉，其他人批評那是道德上不應當的行為，這樣的批評在一定程度上是合理的。

　　無論如何，我剛才的論點主要是個人層面的：如果我家裏養了一條狗，給她起了名字，從小養大，並且待她有如親人，即家

庭的一份子，那麼，即使我同時吃其他動物的肉，這在道德上不見得有何不對——我沒有道德責任視所有動物為我家庭的一份子。當然，由於喜歡狗，我對所有的狗都特別友善，不會吃狗肉；但和我有親人般關係的只有這一條狗，所以我待她特別的好，而這在道德上也無不妥——我沒有道德責任親愛所有的狗。

　　貓狗在歐美文化得到特別的禮待，這個現象有歷史和文化因素；其他的文化有可能親愛其他動物，例如牛。在歐美文化裏，寵物也不限於貓狗，例如有人飼養蜥蜴為寵物，但那只限於個人層面；不過，即使只限於個人層面，寵物和寵物主人都可以有我剛才說的那種關係。

劉　個人如何寵愛自己喜歡的動物或死物，完全是個人的自由，但社會如何對待不同動物，理應有些客觀準則。歐美文化確實與貓狗建立了較密切的關係，但這些歷史文化背景並不能合理化一些本身不合理的對待差異。假若我們有充分證據顯示豬牛的心智和感受能力和貓狗的差不多甚至更高，我認為我們的社會沒有理由系統性地優待貓狗，尤其是優待到那種近乎服侍主人的程度。

　　打個比方，每個人有擇偶的自由，可以按自己的喜好選擇對象；你可以因為膚色、宗教或政治立場喜歡或不喜歡一個人，別人無庸置喙。然而，若我們的社會有些風俗習慣或法例，系統性壓制或禁止某些跨種族、宗教或政治立場之間的戀愛或婚姻，即使那些風俗習慣有悠久歷史，甚至構成我們文化身份的重要部份，我們也有必要修改或放棄那些本身不合理的風俗習慣或法例。

　　不過，要減少或消除那些不合理的對待差異，應該不是要透過對待貓狗差一點，而是大幅改善對待豬牛等其他高智能動物的方式吧。

王　看來原則上是應該這樣，但實際上恐怕很難做到。首先，我們不可能對豬牛羊雞鴨和對貓狗一視同仁地好；我們總不能以對待寵物的方式對待豬牛羊雞鴨吧？就算只是你說的「大幅改善」而非一視同仁，但只要我們不完全停止宰殺和食用豬牛羊雞鴨，即使做到人道飼養和無痛屠宰，我們還是對這些動物遠遠不及對待貓狗。那麼是否應該允許人道飼養和無痛屠宰貓狗呢？如果認為這樣做並不合理，剩下唯一可行之道，便只有全人類改為素食。

　　然而，對於像我這樣不會放棄吃肉的人，在培植肉（cultured meat）被廣泛生產和食用之前，還是無可避免要間接參與宰殺動物。此外，到目前為止，經人道飼養和無痛屠宰而來的肉，仍然是生產量少而價錢昂貴；如果我要避免間接參與不人道對待動物，但又不放棄吃肉，便只有付出較多的金錢，或減少吃肉。事實上我選擇了大多數時候都在超市買一般的肉。這樣的選擇有道德含義：如果我承認現在的吃肉習慣是間接參與不人道對待動物，而不人道對待動物是道德上不當的，那麼我便得承認我現在的吃肉習慣是道德上不當的。

　　但道德上不當又如何呢？做人行事有各種考慮，我不肯定道德考慮在任何情況下都凌駕其他考慮，否則我便可能應該按照「動物解放（animal liberation）」哲學家辛格（Peter Singer）的建議，捐出收入的至少百分之十給慈善機構。[95] 最難做到的是在各種考慮之間取得平衡，我還未參透對我來說最合適和最合理的做法。

95　Peter Singer, "The Logic of Effective Altruism," *Boston Review*, July 1, 2015, https://bostonreview.net/forum/peter-singer-logic-effective-altruism. 關於辛格的動物解放立場，可參看他的名著 *Animal Liberation: A New Ethics for Our Treatment of Animals,* second edition (New York: New York Review Books, 1990)。

劉　要對待食用動物好像對待寵物一樣好，的確沒有可能。其實，我也不認為我們有責任服侍所有高智能而有感受能力的動物，但我們卻有責任避免傷害牠們、令牠們受不必要的痛苦。以現時飼養動物的方式，我確實認為殺生吃肉是不道德的，包括作為消費者、間接參與殺生的我們。我也曾經有一段時間轉為素食，只是因為意志力薄弱，後來放棄了。近年動物權益日益得到重視，似乎亦多了些人選擇素食，我認為這是文明進步的表現。雖然要全面轉為素食並不容易，但我們也可以少吃一點肉，或選擇些心智能力較低、飼養條件較佳的動物來食用，例如有些人只食用海產和植物，也不失為一個較容易實踐的「中途方案」。你認為如何？

王　同意。雖然我說自己不會放棄吃肉，但那指的是完全放棄；事實上我已逐漸減少食肉的量，由每星期有一天不吃肉開始，現在已有時做到一星期有兩天不吃肉。肉類來源方面，我也多注意了肉類來源的動物是否以較為人道的方式飼養和屠宰。由於少吃了肉，買的量少了，買價錢貴一點的也不會增加支出。

　　還有，我對烹調素食的興趣也大了；下次你來探望我，我應該有能力弄幾道精緻的素菜給你嚐嚐。

劉　好啊！十分期待。

研讀哲學所為何事？

哲學是冷門的學科，也是很多人認為「無用」的學科，但用心研讀哲學的人應該都會經驗到哲學對自己的開竅作用，因研讀哲學而徹底改變了自己的世界觀和人生觀。哲學也能令人學懂怎樣理性而深入地思考，並將自己的看法和信念系統化，或至少加以改善，盡量除去不一致的成份。然而，哲學也可能有害處，令人鑽牛角尖、不切實際，甚至變得思想混亂糊塗而不自知，反而信心滿滿地自以為是。此外，究竟有沒有「哲學真理」這回事？如果沒有，我們接受的哲學理論或看法能帶給我們哪種知識？這都是值得研讀哲學的人深思的問題。

王　我們已討論了九個題目，我剛剛重看了其中一些內容，而且用一
　　個比較抽離的角度看，忽然覺得有點像看兩個怪人在談話。我
　　想，這是因為我們分析問題和表達見解的方式其實是相當奇特
　　的，與一般人明顯有分別，而我們卻習以為常。我指的當然是哲
　　學的思考和表達方式。就算只從讀碩士開始計算，我研讀哲學已
　　有三十年，哲學可說已深入我骨髓，與「我之為我」是不可分割
　　的。不但在看哲學書、寫哲學文章、與別人討論哲學問題時，我
　　的腦袋是「哲學的」；在日常生活裏，我對不同事物的思考和判斷
　　也大受哲學影響。

讀哲學的人「不正常」？

　　　我兒子不止一次半開玩笑地說我的思考和談話「不正常」，以
　　我了解，他的意思和我剛才說的差不多。不知道你有沒有類似的
　　感受？

劉　哈哈，真的不正常嗎？哲學肯定也已經深入我骨髓，可能深入到
　　一個程度，我已經不覺得自己不正常了。我以為我們討論問題的
　　方式正常不過，不是嗎？

王　一點也不正常。首先，一般人不會像我們那樣，在討論問題時著
　　重理據和論證。此外，很多一般人視為理所當然的事情，我的哲
　　學腦袋會令我有所懷疑，例如「我們看見的物件是有顏色的」；一
　　般人分不清楚的概念上的差異，我會仔細分開，例如一聽到有人
　　說甚麼甚麼是可能的，我立即會將涉及的可能歸入「物理上可
　　能」、「邏輯上可能」、「知態上可能」等。有時由於這些哲學的思

考習慣，我會無意中令別人覺得我很「麻煩」——凡事都要弄得一清二楚、甚麼也要分析一番。

難道你沒有類似的經驗？

劉　當然有。我是會不自覺地分析和拆解別人的說話，例如人家隨口說句「阿媽係女人」，我也會不由自主地想：母親不一定是女性啊，因為某些母親可能已經變性變成了男性，或者有天科技可以讓男性也能懷孕。不過，在大部份場合，我是會自動自覺地避免過份分析，甚至有意識地避免參與別人的討論。而我自己說話，有時可能會過份小心，經常加入「有時」、「可能」、「或許」這些字眼，相信有時會令人覺得很「麻煩」。

王　我知道你在大學本科本來是主修工程學的，好端端前途一片光明，為何後來轉讀哲學這個「乞食科」？

兩位作者研讀哲學的經歷

劉　哈哈，其實我年青時對於所謂「乞食科」與「神科」沒有甚麼概念。我大概以為大學畢業後待遇都差不多，不知道原來醫生收入會高那麼多，否則我說不定會選擇入醫學院呢！

對我而言，從中學升讀大學，是個quantum jump；我中學時完全是隻井底之蛙，在大學才有機會開始擴闊視野，走出自己那個狹小的世界。當年互聯網還未被廣泛使用，中學生的資訊渠道本來已經又少又窄，而我又不看課外書，唯一的課外資訊渠道就是教會，可想而知我何等無知。當年入大學我真的有種豁然開朗的感覺，當然這與中大的校園環境和氣氛有關。我入大學之前已

對大學生活有很高的期望，這是得益於家兄和家姊，他們比我早數年入讀中大，有時會在家中討論大學瑣事，談及中大的教授、學科和活動等。我當時沒有討論的份兒，只是偶爾「偷聽」他們的對話，然後對大學生活產生了很多憧憬。有些種子是他們播下，而他們（至今）也不知道的，例如「康德」這個名字就是從家兄口中聽回來的。所以我在進入大學之前已經有很多計劃，想要住宿舍、學這樣學那樣、參加各種活動等等。

我中學時是讀理科的，一向也是數理科成績較佳，語文歷史等科目較差。我年青時有個誤解，以為數理科成績好才算聰明，文科成績好只是記憶力佳或勤力而已。我在中大選讀了需要數理背景、較實用、而當年又正在快速發展的訊息工程科（information engineering）；但在主修之外，我對很多社會、文化課題也有興趣，覺得入了大學就甚麼也要學。我慶幸中大有自由的學風和多元的課程，讓我可以選修或旁聽不少社會科學和通識課程；我也慶幸自己當年有顆赤子之心，沒有考慮成績或是否容易過關，有興趣的科目就會去修讀。

在芸芸學科之中，我發覺最令我大開眼界、感到雀躍的就是哲學。我在入大學之前根本對哲學一無所知，雖然可能也曾從兄姊口中聽過有關哲學的東西，但後來才發現有些一直困擾我的問題，原來是有學科專門研究的，背後還有一大片天地。我年青時是基督徒，但一直有些信仰的疑惑，因此希望為宗教信仰尋求理性的基礎。另一方面，我高中開始關注社會時事，入中大後也參加過一些學生組織，開始反省政治制度和社會公義等議題。這些問題不一定要透過哲學來解答，但哲學引人入勝之處在於它似乎能提供最終極的答案，至少它是要把問題挖至最深，由最基礎開

始處理和回答。我大概是被哲學的這種「應許」所吸引,所以後來主要研究的也是那些聲稱要從最根本處去整理問題的大系統哲學家。

當時我有考慮過從工程學院轉去主修哲學,但我又不願放棄工程學位,覺得將來工作上較有保證。後來在一個偶然的機會,我得知原來哲學系有時也會取錄個別非主修哲學的學生,直接入讀碩士課程;於是我就決定先完成工程學位,同時副修哲學(後來還額外副修德文),畢業時才申請入讀哲學碩士課程。我其實是個「港式醒目仔」,認為這個計劃最安全,進可攻退可守。況且我是九十年代中期畢業,當年大學生找工作一點也不困難,若找不到心儀的工作,憑著工程學位很容易就可以在中學找到教席。所以我當時的想法是,若哲學唸得不好,就回去做 IT 工作或當中學老師,無論如何也不用「乞食」的。不過,我當時能成功入讀中大哲學系,倒是非常幸運,因為我副修哲學的成績只是很一般。

我好像已經說得太多了。你也不是從一開始便讀哲學的,不如你也談談自己的經歷吧。

王　跟你一樣,我年青時也是基督徒,當時對基督信仰也有些疑惑,但我沒有順著這些疑惑深入思考;想不通便算了,有點像經常胃痛,卻沒有延醫治理,每次痛時都只是草草吃點止痛藥。我對基督信仰的哲學思考,是我對哲學產生興趣之後才開始的;而我之所以對哲學產生興趣,主要是受一位大學同學和一位大學老師的影響,尤其是後者,我修了他教授的「倫理學」,後來還經常到他辦公室請教,畢業後繼續有交往。我的哲學研習一開始便集中於分析哲學,以及特別喜歡維根斯坦和威廉士(Bernard Williams),都是由於這位老師的教導和影響。

　　我本來的興趣是文學，一心做文學創作和文學研究，而本科主修的是中國語文及文學，在當時還未升格為大學的浸會學院就讀；剛剛提到的那位老師不是中文系的，而是宗哲系的。畢業後我當了幾年小學教師，那是不適合我的工作，很快感到厭倦，想到自己應該有能力做學術研究，終於決定再讀書，希望讀到博士程度，然後找個大學教席便最理想了。我不是當下就決心讀哲學的，那時對文學仍有興趣，考慮過到台灣讀文學研究。可是，哲學對我的吸引力已大到無可拒抗，結果選擇了哲學，由學士、碩士、讀到博士，一路都相當順利，十分幸運。

　　現在回想起來，我自問對文學和哲學都有點天份，但對我來說，文學研究比哲學研究容易很多；假如當年選擇了文學研究，我的研究成果應該比現在的豐碩。最後選難棄易，沒有很多務實的考慮，主要是被興趣推動。我生平學過的東西不少，但只有對哲學是熱情從未減過半分。

哲學與世界觀

劉　你說若研究文學，成果應該比現在的豐碩；假設你當年真的選了文學，結果當了文學教授，你認為與今天的你會有甚麼分別呢？研讀哲學對你的人生有否帶來些獨特的影響，是研讀其他學科所沒有的呢？

王　"What if" 問題是很難回答的，因為人生的發展牽一髮而動全身，就算只是一個看來不重要的細節改變了，也可能帶來意想不到的重大影響。要回答一個 "What if" 問題，必得假定很多其他的情況

不變。我剛才説「假如當年選擇了文學研究，我的研究成果應該比現在的豐碩」，就是假定了我讀文學研究後會完成博士、找到大學教席、繼續努力做文學研究、沒有突然智力衰退等等。

　　假如其他的情況大致相同或非常接近，研讀哲學和研讀文學最大的分別，我比較肯定的只有一點，而這正是你問的研讀哲學對我的獨特影響，即是研讀其他學科不會有的。因此，這其實不是哲學和文學的比較，而是哲學與所有其他學科的比較。這個研讀哲學的獨特影響，就是令我對自己的各種立場和價值判斷不敢肯定；即使我認為自己有多強的論證和理據，我都能時刻警惕到自己的看法或判斷未必正確。而哲學之所以對我有這樣的影響，是因為它讓我看到世界複雜無比，也讓我意識到人類理解力的巨大限制。

　　雖然我説的只是自己的情況，但我相信很多研讀哲學的人都會有類似的經驗和感受。

劉　對，讀哲學的確可以讓人看到世界複雜無比。這樣説並不表示讀其他科目不能讓人認識世界之複雜。讀數學、物理學、心理學或文學，每一科都可以讓人認識某個領域之複雜，但讀哲學讓人認識的複雜性往往是意想不到的，它不僅是給人一些新的資訊，還可以帶來全新的角度，或挑戰一直被視為理所當然的預設和框架；而且哲學與很多科學都有密切關係，當每個特殊科學（special science）的研究都越趨精細，哲學其實有助我們理解某些科學研究成果如何影響我們的整體世界觀。

　　讀哲學的確不時會令人感到困惑，以致不肯定自己的判斷。然而，三十年前當我剛接觸哲學時，我是十分迷茫的，對世界、對人生都有很多困惑；三十年後的今天，我當然還有很多事情不

確定，但我覺得自己的世界觀已大致穩定了下來，在可見的將來大概也不會有翻天覆地的轉變。總的來說，哲學並沒有令我對自己的立場變得更加不肯定 —— 哲學讓我認識世界之複雜，這等於推動我建立一個更整全和更細緻的世界觀。

王　建立一個更整全和更細緻的世界觀……我不肯定我會這樣形容自己研讀哲學的目的。當然，哲學的訓練令我很警惕自己的思想有沒有不一致或矛盾的地方，如果發現有的話，便盡力去消除。可是，另一方面，我很懷疑我們能建立一個整全的、即有系統性而完全沒有不一致之處的、而又正確的世界觀。我有這樣的懷疑，是因為我們對世上各種事物的看法，如要構成一個一致的系統，就必須將這些事物歸類，並且應用有普遍性的原則去理解它們，但這樣做必須撇去它們的一些特殊的性質，因而必然不會窺見全豹。

　　我這個看法很受維根斯坦以及他的追隨者里斯（Rush Rhees）和溫奇（Peter Winch）的影響，而我最近幾年用心研讀的尼采也對我有類似的影響。對於那些建造龐大哲學系統的哲學家，例如康德和黑格爾（Georg Wilhelm Friedrich Hegel），我一向都興趣不大。

劉　我們的哲學興趣和對不少問題的看法差異都頗大，竟然能夠成為好朋友，還能深入討論問題，一起寫書，其實真的不易。

　　以前的大系統哲學家野心很巨大，他們不單期望哲學能發現可靠的知識，而且是追求必然的真理，還要從最基礎開始，建立一個完整的體系，有些更要求那系統是無所不包的。在這些哲學家眼中，自然科學即使能得到某些成果，極其量只是些偶然經驗事實的認知，而且也須依賴哲學提供的基礎。這種對哲學的期望

明顯不切實際，今天也幾乎沒有人接受。然而，這並不表示哲學不能幫助我們建立更整全和更細緻的世界觀。我認為認識世界最可靠的方法還是透過物理學、生物學等自然科學，但正如我剛才提及，這些特殊科學的研究越來越精細，有時會見木不見林，而且有些重要的問題，本來就不能由自然科學來直接回答；例如「神是否存在？」或「人是否有自由意志？」這些問題，雖然與自然科學的研究有關，但它們不能直接由自然科學來解答。哲學的研究正可倚仗自然科學在各個領域的研究結果，加上理性的反省，協助我們整理出一個既有充分證據、又合乎理性要求的世界觀。這就是我對哲學的期望。

我明白世界複雜，不少事情可能難以融入一個一致的系統。倘若有些事物難以歸類，那麼我們可以暫且視之為獨特的，但「盡量嘗試透過有普遍性的原則去理解事物」還是合理的要求。況且要確認某些事物是特殊的，背後已假定某些系統或原則作為正常事物的解釋，所以要了解世界，無論如何也須運用有普遍性的原則吧。

王　我的意思不是任何哲學裏的普遍原則都是沒用的，而只是懷疑這樣的原則真的放諸四海皆準，並認為它們很可能令我們的世界觀削足適履，見林而忽視木。

哲學與性情

對於哲學大系統，我們的看法可以說有基本的分歧，而這樣的分歧是極難消弭的，至少不可能在一次的討論裏消弭。不如我

們稍為改變討論的方向。我認為一個研讀哲學的人會傾向於研究
某些哲學問題、接受某種哲學思想或哲學流派、特別喜歡某一個
或幾個哲學家，而這些傾向都與這個人天生的氣質性情有莫大關
係。就以我自己為例，我天生注重細節和條理，厭惡含混不清，
做事喜歡將大問題拆解為小問題來處理，因此初讀哲學時自然而
然被分析哲學吸引。你同意我這個「哲學性情說」嗎？

劉　同意啊。性情是很重要的因素，但外在環境的影響也十分大；
例如你提及你對哲學產生興趣，是受某位老師的影響，也因為他
而特別喜歡維根斯坦和威廉士。我的哲學興趣也深受我的老師
所影響，後來更隨他的腳步到德國留學。尤其是以前沒有互聯
網，哲學老師的影響比今天巨大得多，因為學生主要就是透過他
們來認識哲學，難免受他們對各個流派的評價影響。這些想法
會先入為主，塑造一種特定的哲學觀，深遠地影響一個人的哲學
道路。

　　說回性情對哲學觀的影響。其實你也有非常強的歐陸哲學傾
向，尤其反映在你近年對尼采的興趣，而且你特別鍾情的維根斯
坦和威廉士也不是分析哲學中最典型「分析性」的哲學家。你當
年本來是讀文學的，按你的背景和興趣，其實讀歐陸哲學可能更
加順理成章，不是嗎？

王　你這樣問，令我記起一件有趣的事。有一次跟幾個學生閒聊哲
學，其中一個突然說：「我認為骨子裏你其實是個歐陸哲學家！」
（"I think that deep down, you are actually a Continental philosopher!"）
雖然這個說法不準確，但我明白她的意思，並且認為她在某方面
說對了。

　　　　這位學生說對的地方，是我最關心的哲學問題都是關乎「人生在世」的大問題，尤其是「該如何過活 (how one should live)」，而這些是歐陸哲學的重點問題，但分析哲學則不大處理，或甚少直接處理。我的哲學關懷可以說是傾向於歐陸哲學，不過，在處理哲學問題的方法上，我的頭腦很明顯是分析哲學式的。其實，我最初讀的哲學書籍都是存在主義那類，只是後來真正研讀哲學時，才集中於分析哲學；而那除了基於氣質性情，當然也有你指出的後天環境因素。

　　　　你雖然專研黑格爾和康德，但我看你的頭腦其實是近分析而遠歐陸的。這判斷對嗎？

劉　對，我的性情的確一點也不歐陸，我沒有甚麼文學、藝術或歷史修養，關心的都是較接近自然科學的哲學問題，頭腦也是較分析性的。其實，與其說分析性，不如說我頭腦簡單，太過玄虛的東西我根本看不懂；比較複雜的，也要簡化為條理分明的內容，我才能把握。不過，頭腦簡單也有好處，經我消化過的東西就變得簡單，說出來人家也會較易明白。

　　　　剛才你說你最關心「人生在世」或「該如何過活」這些大問題，那麼經過幾十年的思考，你有沒有甚麼答案或心得呢？

人生問題

王　不要開玩笑了，你讀得懂黑格爾和康德，怎可能是頭腦簡單呢？

　　　　你問的問題不好回答，但我嘗試精簡地說一下吧。我十多年前發表過一篇頗長的期刊論文，一萬六千多字，寫的正是「人生

意義」的問題；[96] 後來還擴而充之，寫成了一本書稿，但最終沒有出版。[97] 有些朋友以為沒有出版這本書稿是由於找不到出版社，但其實我投稿的其中一間學術出版社考慮接納書稿，但要求我根據評審員的建議修改，然後再評審，只是我決定收回書稿。這本書稿沒有出版的最主要原因，是我已經改變了看法；書稿要做非常大量的增刪，才有可能表達我現時的見解。我現在還不肯定書稿「有得救」，只好擱置，過幾年再重看。

　　我說的「現時的見解」，其實還在形成中，一部份是受我的尼采研究影響，另一部份是人生體驗的沉澱。不過，上述期刊論文和書稿裏有一個主要看法我沒有放棄，就是一個人的一生可以理解為一個複雜的故事或傳記。每個人都是自己人生故事的主角，但故事的內容不完全由主角來決定，而是有很多他不能控制的因素。主角以每天的生活「一頁一頁地」發展這個故事，未到最後，不知結局，只有「死亡」這個終點是肯定的。主角雖然不能完全決定故事的內容，但至少有能力影響故事的發展。從主角的角度看，他的人生故事的內容可以分成兩大類：由他決定的事和發生在他身上的事。有些決定的事是重大的，例如結婚、生子、升學、移民；說是「重大」，不只是因為事情本身被重視，還因為事情的決定對人生故事的發展有關鍵性的影響。主角在做重大決定時，往往不肯定日後的影響；但無論如何發展，都會因為做了重大的決定而多少有點計劃人生的感覺。如果發展是符合期望的，

96　Wai-hung Wong, "Meaningfulness and Identities," *Ethical Theory and Moral Practice* 11 (2008): 123–148.

97　Wai-hung Wong, *Meaningful Lives and Identities* (unpublished).

這個計劃感便更強。至於不由自主地發生的事，當然就不是在計劃之內；這些事也可以是重大的，例如患重病和發橫財，因而影響人生故事的發展。

我現在對人生的看法，集中在思考應該如何對待決定的事和發生的事，才可以對「有意義的／精彩的／有價值的／可以被肯定的人生」有一個合理而有深度的了解。

劉　我年青時也經常受人生意義的問題困擾，這也是我對哲學產生興趣的原因之一；但正式研讀哲學後，反而沒有研究這課題，相關的文章也看得不多。我以前曾經有個頗常見的想法，認為哲學必須與人生有關，必須緊扣生命，否則就不是哲學，或者只是價值較低的哲學。我後來認為這是錯的，哲學可以很純粹地作理性思考或認識世界，可以很「離地」而不損其價值。然而，我認為讀哲學確實有助解答人生意義的問題，因為理性思考對解答大部份問題都有幫助。不過，這不代表讀哲學可以幫助人解脫人生意義的困擾，因為我認為這種困擾主要不是由於找不到答案，而是一種情緒的困擾，是空虛或若有所失的感覺。讀哲學可能適得其反，因為哲學讀得多了，學會了些玄虛的理論和術語，可以用來包裝美化這種空虛的感覺，合理化自己繼續困在其中，還自以為格外孤高，其實不外是種自憐。要解決人生意義的困擾，不如好好談戀愛，應該比讀哲學有效得多！

王　你說得對，哲學不一定關乎「人生意義」或「該如何過活」等人生問題；哲學有很多範疇，而人生問題只是哲學的眾多範疇之一。有些哲學範疇，例如行動哲學（philosophy of action）、邏輯哲學（philosophy of logic）、科學哲學（philosophy of science）、形上學

（metaphysics），是十分抽象和理論化的，跟人生問題很難扯上關係，但這並不表示這些哲學範疇不重要。雖然我剛才說自己最關心的哲學問題是「人生在世」或「該如何過活」，但我對不少與人生問題無直接關係的哲學問題也有濃厚的興趣，而我的博士論文寫的是懷疑主義（skepticism），屬於你說的「離地」題目。

你說人生意義的問題主要是情緒的困擾，這在不少人的情況是對的，但受過嚴格哲學訓練的人在思考人生意義的問題時，應該不只是受到情緒的困擾，而是經過分析，組織出一些問題，並且明白到這些問題的重要性和難以解決之處。一般人對人生問題的看法，與受過哲學訓練的人對人生問題的看法，應該是不同的。受過哲學訓練的人，應該較能有系統和有效地處理這些問題，談戀愛很可能不但沒有幫助，反而令人分心，無法專注於思考。

劉　哈哈，那只是半開玩笑。當然，談戀愛不能解答人生意義的問題，但可舒解某些令人以為有人生意義問題的情緒。

「讀壞腦」？

嚴格的哲學訓練本應讓人能理性思考，不但熟悉個別領域和某種討論方式，而且能運用理性去分析不同問題，最好能融會貫通，了解不同論題之間的關係。不過，這只是理想，有些受過嚴格哲學訓練的人思維仍然封閉，甚至可以說是「讀壞腦」，以非常偏狹的方式理解世界，哲學反而成為他們自圓其說的工具。你有同感嗎？

王　有同感啊！我們受的都是西方哲學訓練，而西方哲學自蘇格拉底以來便有一個很強的高舉理性的傳統，到科學革命及啟蒙運動時期可說達到高峰；雖然出現過對抗這個傳統的哲學家，例如齊克果和尼采，但始終只是旁支。就是到現在，研讀哲學的人大多數仍然對人類的理性充滿信心，認為依靠邏輯、論證和經驗證據，就可以「真理越辯越明」。然而，正如你指出，有些研讀哲學的人在高舉理性的同時，卻表現出思想狹窄、甚至是思想封閉；結果不是真理越辯越明，反而是更加各持己見。

　　理性當然重要，但我們也應該意識到理性的限制。首先，單憑邏輯和論證，並不能保證結論為真，因為即使邏輯和論證完美無瑕，如果是基於錯誤的前提，結論便未必為真。前提本身也可能需要被證明為真，可是，如果有關的證明也只是訴諸邏輯和論證，同樣的問題會再出現；這樣把問題不斷往後推，最後也許會後退到一些很根本而不能被證明的信念。另一方面，前提可以被經驗證據支持，而不只是依靠邏輯和論證；但經驗證據很多時候都是片面的，不同的人可能看到不同的經驗證據，或者是有意無意之間忽略對自己的結論不利的經驗證據。

　　研讀哲學的人由於重視理性，而且對自己的理性思考能力信心滿滿；當他們認為自己的看法正確時，便容易過於自以為是，甚至形成傲慢的態度。這個毛病，我不時自我警惕，希望能夠避免。

劉　對，自我警惕真的非常重要。我剛才說有些人讀哲學會「讀壞腦」，當然不是指你或我；但我也不是沒有反省自己會否才是「讀壞腦」的人，而且我確實知道有些學生認為我的世界觀偏狹，過份倚重自然科學，太過強調理性思維，而輕視情感、靈性或神秘

經驗等。我不否認世界很複雜，不過，我對自己的判斷還是有一定信心；此外，我也認為自己有開放的態度，倘若有充分證據顯示我的立場是錯的，即使那是違反我的主觀願望，我也願意修改或放棄自己的立場。在我的哲學道路上，我已經不知多少次被說服而改變立場，只是我覺得自己的世界觀越來越遠離常識，也可能因為如此而被視為偏狹。

哲學 vs. 常識

王　你說的「常識」，是指 common sense，而不是 elementary knowledge，例如科學常識、經濟學常識、中國歷史常識吧？

劉　對，主要是指一些對世界和人事的根本看法，而這些看法是一般人不假思索便認定為真的，例如物理世界存在、我以及其他人都有思想和感覺、人的很多行為都出於自由意志的運用、我們看見的東西本身是有顏色的。

王　我同意研讀哲學容易令人越來越遠離常識 —— 和你一樣，我也是由於研讀哲學而有不少遠離常識的看法，例如知識論的訓練令我懷疑我們看見的東西是否真的有顏色。但我想聽聽你解釋一下，為何研讀哲學會有這樣的後果。

劉　我想我們討論過的自由意志問題是個好例子吧。我認為一般人接受的自由意志是不存在的，有的充其量是所謂「相容論的自由意志」，但就連這個我也十分懷疑，以至我也會懷疑是否有道德責任可言。其實還有許多，例如我認為個人的同一性（personal identity) 沒有一般人假定的那麼明確，[98] 甚至我會懷疑有否所謂時間的流逝，還是時間只是如空間般的另一個維度等等。

這些例子與科學的關係很密切。科學的進步本身就可令人遠離常識，只不過現今的科學家通常是非常專精的，主要研究個別專門課題，研究成果因而較難令人全面修改世界觀，況且那些專門課題可能還未形成任何常識。然而，哲學討論經常涵蓋眾多不同領域，而且很多都是圍繞整個世界觀的「大問題」，因此較容易令人對不同問題的看法有翻天覆地的轉變，以至會較全面地遠離常識。

王　科學和哲學都有違反常識的理論，但我認為有一個重大的分別。科學家由於某理論而不接受有關的常識，例如根據相對論的時空觀而不接受常識裏對同時性 (simultaneity) 的看法，或因量子力學的非局域性 (quantum nonlocality) 而不接受常識裏對因果關係的看法，[99] 而這種不接受是確定的；雖然他們在日常生活的言談間表現得好像仍然接受那些常識看法，但其實只是貪方便或隨俗，心底裏是肯定那些常識看法是錯誤的。

可是，哲學家雖然由於哲學思考而不接受或懷疑某些常識看法，例如不相信人有自由意志或認為我們沒有理由信賴歸納法

98　「個人同一性」的哲學問題指的是有關「作為同一個人 (being the same person)」的哲學問題，例如五歲的我跟五十歲的我是同一個人，但這「兩個人」處於不同的時空，生理和心理性質都有很大分別，他們是基於甚麼而事實上是同一個人？又如某人在交通意外後完全失憶，性格大變，並在一個陌生地方以新的身份重新生活，他與交通意外前的那個人是同一個人嗎？

99　量子非局域性是量子力學指出的一個物理現象，簡單而言，即兩個粒子在相距極遠的情況下也能瞬間相互影響。

(induction)，[100]但他們的言行卻往往顯示他們其實仍然相信那些常識看法，而不只是貪方便或隨俗。這可以形容為一種知性上的精神分裂。你贊成我這個觀察嗎？

劉　我同意探求世界真相可以引致不同程度的知性上的精神分裂，但我不認為這是哲學家獨有的。愛因斯坦曾說過時間的流逝是個頑固的錯覺，[101]但我難以想像他的言行可以不受這種錯覺影響。

　　我認為某些知性上的精神分裂是無可避免的。我們都見過很多視錯覺，兩條線明明看來是一長一短，兩格顏色明明看來深淺差別明顯，但事實上兩條線是一樣長的，兩格顏色的深淺也完全一樣。即使我們理性上能肯定真相，甚至能了解這些錯覺如何產生，我們還是無法說服視覺系統去把兩條線看成一樣長，把兩格顏色看成一樣深淺。在這些例子中，理性只能抽離地判斷；即使清楚事實是如何，也無法糾正視覺系統的判斷，以及相應的行為反應。同理，一個不相信有自由意志和道德責任的哲學家，理性上即使如何確定，心理上往往還是難以控制自己的道德情感和反應，不能避免作道德苛責等。

　　這些知性上的精神分裂是會令人疲倦和不安的，這大概是做一個認真的哲學家或認真的思維者的代價吧。

100　歸納法是我們常用的推理方式，就是根據已觀察的有限例子所顯現的性質關係或模式 (pattern)，而推論出所有例子都具有這種性質關係或模式；例如觀察過成千上萬的天鵝，而牠們全都是白色的，從而推論出「所有天鵝都是白色的」。

101　"For people like us who believe in physics, the separation between past, present and future has only the importance of an admittedly tenacious illusion." "Time's Arrow: Albert Einstein's Letters to Michele Besso," Christie's website, November 14, 2017, https://www.christies.com/features/Einstein-letters-to-Michele-Besso-8422-1.aspx.

王　這麼説來，研讀哲學會不會得不償失呢？

哲學的效益與徒勞

劉　不會啊。知性上的精神分裂帶來的疲倦和不安，對我而言不是大
問題；能夠加深對世界的認識，能夠開闊我的世界觀，對我而言
才是更重要和更有滿足感的事情。説得浪漫一點，能夠遇上哲
學，那是我人生最幸運的事情之一。你説你若不是研讀哲學，可
能會研讀文學，成為文學教授。但若不是哲學，我幾乎肯定不會
走上學術的道路，不會到外國留學和生活，也不會在大學工作。
哲學不單讓我認識廣闊和深刻的精神世界，也讓我有機會到訪世
界各地，在不同地方生活，認識不同文化背景的人和事。我相信
你也會認為研讀哲學是件幸事吧！

王　你説的實效上的得益，我當然同意是好事，而且同意是自己的
幸運。可是，如果只是考慮知性上的得益，我卻有點心理矛盾
（ambivalence）。不錯，研讀哲學令我頭腦清晰、眼光開闊，也令
我對不少重要問題有深入的了解，至少比起一般人的了解深入得
多。然而，研讀哲學三十年後，並沒有任何一個哲學大問題是
我認為自己已經解決了的；研讀哲學的結果只是讓我建立了一些
我認為有理由支持的看法，但我卻不肯定那些看法是對的，更
不敢説那些是所謂的「哲學真理」。簡單地説，我有一種徒勞的
感覺。

劉　我記得數年前你到訪香港，與幾位哲學系朋友飯聚時，你也有談
及這種感覺，但我是沒有這種困惑的。

首先，有一系列哲學大問題，我認為我已經有答案，例如我深信「世上沒有鬼神存在」、「人死是如燈滅」、「人沒有 (不相容論的) 自由意志」。對這些大問題，我已經沒有多少懷疑，雖然我也知道我的答案不是沒有可能錯，但最可靠的科學知識也有錯的可能，追求絕對的可靠性反而才是徒勞吧。

當然，有很多其他哲學大問題，我缺乏那麼有信心的答案，甚至沒有明確的立場，而且我知道這不但是因為我未充分了解那些問題，還因為那些問題本身有非常複雜的考慮，難以找到一個明顯較合理的立場。即使是如此，我還不覺得是徒勞的。我認為這些正反考慮或不同立場本身是值得我們認識的，它們之所以難以判斷高低優劣，很可能是因為它們都反映世界的某些特質，以至我們要認識世界，就必須囊括這些不同角度，這點我可謂深受黑格爾影響。換言之，我不但認為有哲學真理，也認為那些曲折的正反考慮是構成哲學真理的一部份。雖然有很多哲學真理我還未確定，有更多我根本還未認識，但走過這數十年的哲學道路後，我非常肯定我今天對世界的認識比以前深入得多，也相信我遠比以前更接近真相。

王　在我看來，你未免太樂觀、甚至是有點過份自信了。我不是「追求絕對的可靠性」，而是認為我接受的哲學立場或看法雖有理據，但這些理據遠遠不足以令我有很強的信心，認為自己已經找到有關哲學問題的答案；如果一定要說我接受的看法就是「我的答案」，那些「答案」也不過是暫時的 (tentative)。有不少哲學家對同一問題的看法與我的相反，而他們也都認為自己的看法有理據支持；除非我肯定我的理據明顯比他們的強得多，我沒有理由肯定對的是我，錯的是他們；而事實是，我不肯定我的理據明顯比他們的強得多。

　　　至於囊括不同角度，如果你的意思是「囊括所有已知的角度」，那是不可能的，因為有些角度互相排斥——同時接受它們，便會在思想上不一致、甚至自相矛盾。不過，我倒同意我們應該盡量囊括相容並且能互相補足的不同角度，以減低思想上的偏狹。然而，這樣的兼收並蓄，儘管沒有不一致之處，也未必能形成一個思想系統。

劉　就以自由意志問題為例，讓我們對比以下幾種狀態：一、沒有想過自由意志的問題，但言行假定了人有自由意志；二、接觸過自由意志問題的討論，但不覺得自由意志有可疑之處；三、感到否定自由意志也有些道理，但仍接受人有自由意志；四、感到「是否有自由意志」的正反理據強弱不相伯仲，傾向懸而不決；五、認為「沒有自由意志」較合理，但也不肯定對方的理據是較弱；六、深信「沒有自由意志」較合理，但也理解對方有些道理；七、深信「沒有自由意志」，並已有充分證據顯示這是事實。

　　　你和我的分歧會否大概相應於第五種和第六種狀態呢？我不是說第六種比第五種優勝，若我再多看一些支持對方立場的書籍和文章，我可能會從第六種狀態轉為第五種，甚至完全改變立場。但我們更根本的差別可能是，你似乎會為達不到第七種狀態而感到徒勞，而我則因為能從第一種狀態進步到第五或第六種而感到欣喜和滿足；即使是回到或停留在第四種狀態，我也會因為已有的進步和整個反省過程而覺得有所獲益。你認為如何？

王　我還以為你是第七種。第六種狀態我感到有點不妥——既然認為對方有些道理，又怎能對自己的看法深信不疑？無論如何，我想不到有哪一個正面的哲學見解是我深信不疑的。我說「正面的

哲學見解」，因為有些負面的哲學見解我是深信不疑的。例如邏輯實證論 (logical positivism) 以實證原則 (the verification principle) 來界定「意義 (meaning)」，[102] 我便深信是錯誤的，而這是負面的判斷；至於「意義」應該怎樣理解，我較為接受維根斯坦的看法，這是正面的判斷，但並非深信不疑。

　　不過，你說的那種進步和滿足感，我有同樣的經驗，而這是我對哲學一直保持濃厚興趣的主要原因。其實，我剛才說的「一種徒勞的感覺」，我並不是經常感到，否則也不能持續哲學研究了；只是，每當我想到自己研讀哲學那麼多年，卻仍然找不到哲學真理，便有這種徒勞感。對於所謂的「哲學真理」，我是越來越相信根本沒有這回事。

劉　我懷疑「哲學真理」這個用語有點誤導，好像只有少數極重要的哲學真相才稱得上是「哲學真理」。若我們把「哲學真理」理解得寬鬆一點，只要是真的哲學判斷就是哲學真理，這也包括正確的負面判斷，那麼我們應該擁有大量哲學真理。

　　即使只接納重要的正面判斷為哲學真理，我認為還是有哲學真理的。假若沒有哲學真理作為指標，我們又如何談論進步或更深入的認識呢？我們多讀一首詩，多聽一首歌，通常不會加深我們對世界的認識，因為它們的內容不是要表達真理；多讀一篇內容農場 (content farm) 的胡扯不但浪費時間，更會影響我們對世界的認知，這些假資訊讀得多會令人退步。我們讀了那麼多哲學

102　邏輯實證論是在 1930 到 1960 年代在英美盛行的哲學，根據邏輯實證論的實證原則，任何不是邏輯真理而不可驗證的陳述都既非真，也非假，而是沒有（認知）意義的。

文章和書籍，當然不是每篇都是佳作，但我們都同意，研讀哲學著作令我們對世界的認識比以前深入得多，是一種認知上的進步，那麼這不是反映我們掌握了更多知識和真相，至少是更接近真理麼？

王　認識到甚麼哲學立場或原則是錯誤的，已是進步，至少我們會因為這樣的認識而不犯同樣的錯；如果得到這種哲學認識算是掌握了哲學真理，那麼的確有哲學真理，而且我獲得的哲學真理倒也不少。

　　我也同意正面的哲學見解可以加深我們對世界的了解；可是，我仍然堅持不把這些見解視為哲學真理，而理由有二：

　　一、哲學探究的世界和問題不限於物理世界，還包括人的世界以及形上 (metaphysical) 的問題，可以統稱為 "reality"。雖然人的世界 —— 文化、社會、政治、經濟、道德、人倫等等 —— 不能脫離物理世界，但難以完全化約為 (reduced to) 物理現象，而關於人的世界的見解，不能像對物理現象的見解那樣，可以憑經驗證據和科學實驗去證明為真，或至少證明是接近真相。形上的問題就更明顯是這樣。因此，視正面的哲學見解為真理，必然在一定程度上是可疑的。

　　二、哲學見解好比瞎子摸象，哲學家就是摸象的瞎子，而 reality 就是他們觸摸的象。各瞎子憑觸摸而得出對於象的不同部份的認識，肯定不能反映象的全貌；而瞎子各自對觸摸的部份的認識雖然可以是正確的，例如摸出象鼻是長條形狀，但也不會是那個部份的全面而深入的了解。此外，不同的瞎子即使觸摸同一部份，也未必會得到相同的認識。這只是一個比況，因為現實的象並不是一個難以全面認識的認知對象，而 reality 卻無疑是複雜

無比的，對著「這一頭象」，就算是最有才智最有深度的哲學家，也不過是瞎子，只是比平常的瞎子有較敏銳的知性觸覺而已。

劉　憑觸覺摸象也能加深對這頭象的認識，而且瞎子們還可以一起討論，互相切磋，更是一種樂事。不是嗎？

王　你這樣說沒錯，我也欣賞你的樂觀態度，只是我自己較為悲觀而已。其實我們對「哲學真理」的歧見並不真的那麼大，只是態度取向有別；而這個態度取向之別，大概跟我們不同的性格和相異的哲學訓練有點關係。無論如何，你我都喜歡哲學，都以哲學為事業，都為此而感到慶幸，而且成為好朋友，更兩度合作寫書；如果哲學是一個可以感謝的對象，我們應該為這一切向它說聲「謝謝」。

劉　說得好。這十次對談真是暢快！